BEI GRIN MACHT SICH I
WISSEN BEZAHLT

- Wir veröffentlichen Ihre Hausarbeit,
  Bachelor- und Masterarbeit

- Ihr eigenes eBook und Buch -
  weltweit in allen wichtigen Shops

- Verdienen Sie an jedem Verkauf

Jetzt bei www.GRIN.com hochladen
und kostenlos publizieren

Marten Bajinski

Das Incident Reporting System

Instrument zum organisationalen Lernen und zur Erhöhung der Sicherheitskultur in kritischen Infrastrukturen

GRIN Verlag

Bibliografische Information der Deutschen Nationalbibliothek:

Die Deutsche Bibliothek verzeichnet diese Publikation in der Deutschen National-
bibliografie; detaillierte bibliografische Daten sind im Internet über http://dnb.d-
nb.de/ abrufbar.

Impressum:

Copyright © 2013 GRIN Verlag GmbH
Druck und Bindung: Books on Demand GmbH, Norderstedt Germany
ISBN: 978-3-656-45380-2

Dieses Buch bei GRIN:

http://www.grin.com/de/e-book/230021/das-incident-reporting-system

GRIN - Your knowledge has value

Der GRIN Verlag publiziert seit 1998 wissenschaftliche Arbeiten von Studenten, Hochschullehrern und anderen Akademikern als eBook und gedrucktes Buch. Die Verlagswebsite www.grin.com ist die ideale Plattform zur Veröffentlichung von Hausarbeiten, Abschlussarbeiten, wissenschaftlichen Aufsätzen, Dissertationen und Fachbüchern.

Besuchen Sie uns im Internet:

http://www.grin.com/

http://www.facebook.com/grincom

http://www.twitter.com/grin_com

Marten Bajinski

Das Incident Reporting System

Instrument zum organisationalen Lernen und zur
Erhöhung der Sicherheitskultur in kritischen
Infrastrukturen

Master-Thesis

zur Erlangung des akademischen Grades

Master of Arts

Studiengang: Sicherheitswirtschaft und Unternehmenssicherheit

Department Wirtschaft und Management

Deutsche Universität für Weiterbildung

Berlin, 14.02.2013

Inhaltsverzeichnis

1. Einleitung

1.1. Problemstellung

Moderne Gesellschaftssysteme sind auf die Verfügbarkeit und uneingeschränkte Nutzung von Infrastrukturen angewiesen. Insbesondere betrifft dies die Kritischen Infrastrukturen, die als Lebensadern für die Versorgung (beispielsweise Energie, Gesundheit, Transport und Verkehr) reibungslos funktionieren müssen. Geprägt sind diese Infrastrukturen unter anderem durch komplexe soziotechnische Arbeitswelten, in denen die Technik dominiert, der Mensch mit seiner Denkfähigkeit und Kreativität als Entscheidungsträger aber unverzichtbar bleibt. Somit beruht die Sicherheit in diesen Organisationen neben der angemessen eingesetzten Sicherheitstechnik vor allem auf einer gelebten Sicherheitskultur. Für den Bereich der sicherheitskritischen Industriezweige gilt es als nachgewiesen, dass ca. 70% aller Zwischenfälle ihre Ursachen im Bereich der sogenannten Human Factors z.B. beim Teamwork oder bei der Entscheidungsfindung haben (vgl. Rall et al. 2006, S. 3). In den Hochrisikobranchen geht man davon aus, dass ca. 80% aller Unfälle auf menschliche Fehler zurückzuführen sind (vgl. Hofinger 2009, S. 604). Bevor es jedoch zu einem Schaden oder einem Unfall kommt, sind in der Regel diverse Prozessschritte durchlaufen worden und oft wird nur der letzte – der den Schaden sichtbar machende – Schritt betrachtet. Das bedeutet im Umkehrschluss, dass nicht erst Schadensereignisse eintreten müssen, um Schwächen in der Organisation aufzuzeigen. Es sind die sehr viel häufigeren Zwischenfälle ohne Schadenseintritt, die eine breite Datenbasis für das Management bieten und so eine wichtige Lernchance im Sinne des organisationalen Lernens darstellen (vgl. Horn/Lauche 2012, S. 251).

Hier setzt das Incident Reporting System (IRS) an. Durch den systemorientierten Ansatz, der nicht nur den handelnden Menschen am Ende der Prozesskette betrachtet, ist es möglich, die gefährlichen und latenten Prozessschritte und Faktoren zu identifizieren, noch bevor Schäden eingetreten sind. In diesem Meldesystem werden beobachtete oder erlebte Zwischenfälle, Fehler oder Prozessabweichungen gesammelt und für die weitere Bearbeitung gespeichert. Seinen Ursprung hat das IRS in der Luftfahrt, wo es bis heute in der militärischen Fliegerei sowie der zivilen Luftfahrt

1

angewandt wird. Eines der bekanntesten Meldesysteme ist das Aviation Safety Reporting System (ASRS), das 1975 in Zusammenarbeit mit der amerikanischen Weltraumfahrtbehörde NASA realisiert wurde und bis heute betrieben wird.

Zunehmend nutzen auch Krankenhäuser ein IRS als integralen Bestandteil ihres Risiko- bzw. Qualitätsmanagements, um Verbesserungen in der Patientensicherheit zu erzielen und eine Sicherheitskultur zu etablieren. Auch im Bereich der Reaktorsicherheit ist das IRS ein wichtiger Bestandteil. 1980 wurde ein IRS von der Internationalen Atomenergie-Organisation (IAEO) und der Nuclear Energy Agency (NEA) entwickelt, um auf internationaler Basis den Austausch von Erfahrungen zu erleichtern.

Für die genannten Bereiche scheint sich das IRS aufgrund seiner grundsätzlichen Funktionen und Charakteristika zu bewähren. Sie agieren auf anonymer oder streng vertraulicher Basis und haben einen nichtsanktionierenden Charakter. Die Idee dieses Systems ist, dass für alle Mitarbeiter eine organisationsinterne fest integrierte Möglichkeit besteht, jegliche Form von unerwünschten Ereignissen und negativen Abweichungen zu melden, um daraus zu lernen. Fachbeiträgen, zumeist aus dem Bereich des Gesundheitswesens, ist zu entnehmen, dass Incident Reporting Systeme als proaktives Instrument unter den richtigen Rahmenbedingungen wesentliches Potenzial besitzen, eine positive Entwicklung der Sicherheitskultur herbeizuführen und organisationales Lernen zu fördern bzw. zu entwickeln (vgl. Rall et al. 2006; Hofinger et al. 2008). Daher soll auf folgende Forschungsfrage eine Antwort gegeben werden:

Welchen Beitrag leistet ein Incident Reporting System zum organisationalen Lernen und zur Erhöhung der Sicherheitskultur in einer Organisation der Kritischen Infrastrukturen?

1.2. Forschungs- und Erkenntnisinteresse

Der Schwerpunkt der Arbeit liegt auf drei Sektoren der Kritischen Infrastrukturen: Luftfahrt, Kernenergie und Gesundheitswesen. Es gilt herauszufinden, ob in der Praxis umgesetzte Incident Reporting Systeme tatsächlich eine Steigerung der Sicherheitskultur herbeigeführt und zum organisationalen Lernen beigetragen haben. Zudem sollen die

2

Rahmenbedingungen bei der lernförderlichen Gestaltung aber auch die Grenzen eines IRS betrachtet werden. Aufgrund der bisherigen Verbreitung ist zu erwarten, dass dieses Instrument in Organisationen der kritischen Infrastrukturen einen wertvollen Beitrag zum organisationalen Lernen sowie zur Entwicklung der Sicherheitskultur leisten kann.

1.3. Forschungsstand

Im Bereich der Fehler- und Sicherheitsforschung sowie der Human Factors angesiedelt, sind neben englisch- und deutschsprachigen Monographien zahlreiche Fachartikel erhältlich, die sich etwa unter dem Aspekt der Sicherheitskultur mit der Thematik Berichtssysteme auseinandersetzen. Durch den vermehrten Einsatz des IRS im Gesundheitswesen sind hier aktuelle Fachartikel sowie einige wenige Datenbefunde verfügbar. Dies lässt erste Rückschlüsse auf den tatsächlichen Nutzen zur organisationalen Wissensgenerierung und zur Förderung der Sicherheitskultur zu. In den Bereichen Luftfahrt und Reaktorsicherheit sind vereinzelt öffentlich zugängliche Zahlen zu eingehenden IRS-Meldungen vorhanden, jedoch keine validen Daten, die ausreichend Aufschluss über den Nutzen des IRS bezüglich des organisationalen Lernens geben oder gar statistische Auswertungen diesbezüglich zulassen.

1.4. Methodik

Um die Entstehungsgeschichte, die Verbreitung und den Nutzen des IRS als Instrument des organisationalen Lernens und zur Förderung der Sicherheitskultur verstehen zu können, bedarf es einer umfassenden Literaturrecherche in verschiedenen Forschungsdisziplinen. So werden im ersten Teil dieser Arbeit neben Ansätzen und Modellen aus der Human-Factors-, der Sicherheits- und der Fehlerforschung auch Ansätze aus der Organisationsentwicklung mit Fokus auf die Sicherheitskultur und das organisationale Lernen sowie ihre Verknüpfungen miteinander aufgezeigt. Auf Basis dieser Erkenntnisse wird auf das Incident Reporting (IR) eingegangen. Beginnend mit dem Konzept des IR und der historischen Entwicklung des IRS, werden die erfolgskritischen Merkmale und organisationalen

Rahmenbedingungen des Instruments im Sinne einer lernförderlichen Systemgestaltung aufgezeigt.

Der zweite Teil dieser Arbeit umfasst die empirische Untersuchung. Als Methode wurde die qualitative Befragung in Form eines leitfadengestützten Experteninterviews gewählt, um die theoretischen Erkenntnisse aus der Literatur zu verifizieren und den Praxisbezug zur tatsächlichen Nutzung des IRS herzustellen. So konnte ein Interview mit dem Geschäftsführer eines Beratungsunternehmens für den Bereich des Gesundheitswesens durchgeführt werden. Die meisten Interviewanfragen blieben unbeantwortet oder es folgten Absagen, in denen auf Sicherheitsbedenken oder die Sensibilität des Themas hingewiesen wurde. Ergänzt werden die praxisbezogenen Informationen durch erste Datenbefunde aus dem Bereich des Gesundheitswesens, die im Rahmen von Fachbeiträgen oder Projektberichten die Auswirkungen des IRS evaluierten.

2. Kritische Infrastrukturen

2.1. Begriffsbestimmung

Der Begriff Infrastruktur ist ein geläufiges Wort, welches aus den Medien und aus der Wirtschaft bekannt ist. Gemäß der Begriffsbestimmung im *Duden - Wirtschaft von A bis Z* (Pollert et al. 2009, S. 24) umfasst der Begriff „alle staatlichen und privaten Einrichtungen, die für eine ausreichende Daseinsvorsorge und wirtschaftliche Entwicklung als erforderlich gelten." Die Infrastruktur wird meist unterteilt in technische Infrastruktur (wie Einrichtungen der Verkehrs- und Nachrichtenübermittlung, der Energie- und Wasserversorgung, der Entsorgung) und soziale Infrastruktur (wie Schulen, Krankenhäuser, Sport- und Freizeitanlagen, Einkaufsstätten, kulturelle Einrichtungen).

In Anlehnung an Reimut Jochimsen Begriffsdefinition in seinem Werk *Theorie der Infrastruktur. Grundlagen der marktwirtschaftlichen Entwicklung* (1966) bezeichnet das Bundesamt für Bevölkerungsschutz und Katastrophenhilfe (BKK) Infrastrukturen als „die Gesamtheit der materiellen, personellen und institutionellen Grundeinrichtungen, die das Funktionieren einer arbeitsteiligen Wirtschaft garantieren." (BKK 2009, S. 17) Klassische Infrastrukturbereiche sind alle Anlagen zur Energieversorgung, zur Telekommunikation, zur

Wasserversorgung, zur Entsorgung, Verkehrseinrichtungen sowie Gebäude und Einrichtungen der staatlichen Verwaltung, des Bildungs-, Forschungs-, Kultur- und des Gesundheits- und Freizeitbereichs (vgl. BKK 2009, S. 17).

Was charakterisiert nun eine Infrastruktur, um sie als kritisch zu erachten? Sind es die bereitgestellten Güter oder Dienste, ist es die Infrastruktur an sich oder der gesellschaftliche Wert, den sie repräsentiert? Aufschluss darüber geben die Definitionen zum Begriff Kritische Infrastrukturen, auch wenn diese im internationalen Vergleich differieren (Tabelle 1).

Nation	Definition „Kritische Infrastrukturen"/„Critical Infrastructures"
Deutschland	Einrichtungen und Organisationen mit wichtiger Bedeutung für das staatliche Gemeinwesen, bei deren Ausfall oder Beeinträchtigung nachhaltig wirkende Versorgungsengpässe, erhebliche Störungen der öffentlichen Sicherheit oder andere dramatische Folgen eintreten würden.
Schweiz	Infrastrukturen, deren Störung, Ausfall oder Zerstörung gravierende Auswirkungen auf die Gesellschaft, die Wirtschaft und den Staat hat.
Norwegen	Constructions and systems that are essential in order to uphold society's critical functions, which in time safeguard society's basic needs and the feeling of safety and security in the general public.
USA	Systems and assets, whether physical or virtual, so vital to the United States that the incapacity or destruction of such systems and assets would have a debilitating impact or security, national economic security, national public health or safety, or any combination of those matters.
Kanada	Physical and information technology facilities, networks, services and assets, which, if disrupted or destroyed would have a serious impact on the health, safety, security or economic well-being of Canadians or the effective functioning of governments in Canada.
Australien	Physical facilities, supply chains, information technologies and communication networks that, if destroyed degraded or rendered unavailable for an extended period, would significantly impact on the social or economic well-being of the nation or affect Australia's ability to conduct national defence and ensure national security.

Tabelle 1: Exemplarische Definitionen für Kritische Infrastrukturen (eigene Darstellung; vgl. BKK 2009)

Die in der Tabelle angeführte für Deutschland geltende Definition Kritischer Infrastrukturen wurde im Jahr 2003 durch den Arbeitskreis Kritische Infrastrukturen (AK KRITIS) des Bundesministeriums des Innern (BMI) entworfen (vgl. BMI 2005, S. 6) und wird seitdem in allen Schriften zur entsprechenden Thematik verwendet (vgl. BKK 2008, S. 12; BMI 2011, S. 42). Die Kritikalität ist in diesem Zusammenhang als ein relatives Maß für die Bedeutsamkeit einer Infrastruktur anzusehen, insbesondere in Bezug auf die Konsequenzen, die mit einer Störung oder einem Funktionsausfall für die

Versorgungssicherheit der Gesellschaft mit wichtigen Gütern und Dienstleistungen einher gehen würden (vgl. BKK 2009, S. 19). Vereinfacht ausgedrückt sind Kritische Infrastrukturen demnach die unverzichtbaren Lebensadern jeder modernen und leistungsfähigen Gesellschaft. Wir verlassen uns darauf, dass der Strom aus der Steckdose und das Trinkwasser aus dem Wasserhahn kommt, die medizinische Versorgung sichergestellt ist und die Informations- und Kommunikationstechnik funktioniert.

2.2. Sektoreneinteilung

Nach einigen Überarbeitungen der Sektoren- und Brancheneinteilung gilt nunmehr eine Einteilung Kritischer Infrastrukturen in neun Sektoren und in 29 Branchen. Diese basiert auf eine erstmals zwischen Bund und Ländern abgestimmte Grundlage für die Kooperation von Staat und Wirtschaft beim Schutz Kritischer Infrastrukturen (vgl. KRITIS des Bundes).

Sektoren	Branchen
Energie	• Elektrizität
	• Gas und Mineralöl
Informationstechnik und Telekommunikation	• Telekommunikation
	• Informationstechnik
Transport und Verkehr	• Luftfahrt
	• See- und Binnenschifffahrt
	• Schienenverkehr
	• Straßenverkehr
	• Logistik
Gesundheit	• medizinische Versorgung und Labore
	• Arzneimittel und Impfstoffe
Wasser	• öffentliche Wasserversorgung
	• öffentliche Abwasserbeseitigung
Ernährung	• Ernährungswirtschaft
	• Lebensmittelhandel
Finanz- und Versicherungswesen	• Banken und Börsen
	• Versicherungen und Finanzdienstleister
Staat und Verwaltung	• Regierung, Parlament und Verwaltung
	• Justizeinrichtungen
	• Notfall-/Rettungswesen einschließlich Katastrophenschutz
Medien und Kultur	• Rundfunk (Fernsehen und Radio)
	• gedruckte und elektronische Presse
	• Kulturgut
	• symbolträchtige Bauwerke

Tabelle 2: Sektoren und Branchen Kritischer Infrastrukturen (eigene Darstellung; vgl. KRITIS des Bundes)

2.3. Besondere Eigenschaften

Unabhängig von der von Zeit zu Zeit nur unwesentlich differierenden Sektoreneinteilung zeigen Kritische Infrastrukturen gemeinsame besondere Eigenschaften auf. Diese Infrastrukturen stehen nicht eigenständig nebeneinander, sondern sind durch vielfältige Beziehungen miteinander vernetzt. Zudem weisen sie zunehmend eine brancheninterne Vernetzung auf physischer, virtueller oder logistischer Basis auf, mithilfe dieser die Infrastrukturdienstleistungen zur Verfügung gestellt werden. Beispielhaft seien hier die Energie- und Wasserversorgung aber auch die Informations- und Kommunikationsversorgung angeführt. Die Interdependenzen zwischen zwei Infrastrukturen können durchaus gering sein, wie beispielsweise zwischen dem Transport- und dem Kultursektor. Es ist jedoch auch möglich, dass es bei dem Ausfall eines Sektors zu kaskadenartigen Ausfällen in den anderen Bereichen führt. Dies ist insofern leicht nachzuvollziehen, als dass beispielsweise der Bereich des Gesundheitswesens auch und gerade von den Versorgungssektoren abhängig ist. Dies kann weitreichende Konsequenzen haben. So belegt die Broschüre *Schutz Kritischer Infrastruktur: Risikomanagement im Krankenhaus* (BKK 2008) anhand von Beispielen auf internationaler Ebene, dass Großschadensereignisse in humanitären Katastrophen münden, wenn das Gesundheitswesen zusammenbricht. Dabei ist das Gesundheitswesen selbst von anderen Sektoren der Kritischen Infrastrukturen abhängig (z.B. Strom- und Wasserversorgung) und somit sensibel und störungsempfindlich.

2.4. Kritische Infrastrukturen als soziotechnische Systeme

Trotz fortschreitender technologischer Rahmenbedingungen, die die Arbeitswelten der Kritischen Infrastrukturen bestimmen, obliegt die Schlüsselrolle im System dem Menschen. Dies resultiert aus der Tatsache, dass nur er dazu fähig ist, Ereignisse als Gefahren oder Bedrohungen einzustufen, die damit vorhandenen Risiken zu antizipieren sowie präventiv angemessene Maßnahmen des Sicherheits- bzw. Risikomanagements zu entwickeln und umzusetzen. Diese Ansicht erscheint zunächst widersprüchlich, gilt doch in den sicherheitskritischen Industriezweigen die Erkenntnis als gesichert, dass etwa 70 % aller Zwischenfälle ihre Ursachen im Bereich der Human Factors haben. In den Hochrisikobranchen sind sogar bis zu 80% aller Unfälle, auf menschlichen Faktoren zurückzuführen. (vgl. Flin et al. 2008, S. 1; Badke-Schaub et al. 2012, S. 4f.). Die Unfallursachen nur auf den fehlbaren Menschen zu reduzieren, greift jedoch deutlich zu kurz. Wichtig ist, die Gesamtkonstellation zu betrachten und die verschiedenen Ebenen des Systems aus Technik, Organisation und der Gruppe/dem Team sowie deren Vernetzungen in die Analyse einzubeziehen. Diese Arbeitssysteme, in denen der handelnde Mensch in Technik und Organisation eingebettet ist, werden auch als soziotechnische Systeme verstanden (vgl. Badke-Schaub et al. 2012, S. 4f.; Hofinger 2009, S. 604). Die Forschungsdisziplin die sich mit dem Verhältnis von Menschen und Technik unter einer systemischen Perspektive befasst, soll im Folgenden betrachtet werden.

3. Die menschlichen Faktoren (Human Factors)

Die interdisziplinäre Wissenschaft der Human Factors betrachtet das Handeln des Menschen in soziotechnischen Arbeitswelten. Zu diesen Faktoren zählen alle physischen, psychischen und sozialen Charakteristika des Menschen insofern sie das Handeln in und mit soziotechnischen Systemen beeinflussen oder von diesen beeinflusst werden (vgl. Badke-Schaub et al. 2012, S. 4). Dabei kommt es nicht auf die isolierte Betrachtung der menschlichen Faktoren an, sondern auf ihre Einbettung in dem System von Aufgabe, Technik und Organisation. Zudem werden die verschiedenen Ebenen und ihre Vernetzungen in die Human-Factors-Analyse einbezogen, um relevante Zusammenhänge zwischen sichtbarem Ereignis und möglichen auslösenden Faktoren zu erkennen (vgl. Badke-Schaub et al. 2012, S. 6f.). Das bedeutet, dass neben der Interaktion zwischen Mensch, Technik und Organisation auch die Beziehungen der Menschen innerhalb des Systems betrachtet werden.

3.1. Soziotechnische Systeme

Das soziotechnische System dient einer primären Aufgabe, zu deren Erfüllung das System geschaffen wurde. Bestimmt wird das System von zwei Teilkomponenten, der technischen und der sozialen. Zu dem technischen Teilsystem zählen die Betriebsmittel, die technologischen aber auch die räumlichen Bedingungen. Dem sozialen Teilsystem gehören die Mitglieder der Organisation mit ihren Qualifikationen, individuellen sowie gruppenspezifischen Bedürfnissen an. Es gilt, dass die Teilsysteme nicht voneinander trennbar sind. Um im Rahmen einer Gestaltungsmaßnahme eine Optimierung der Teilsysteme zu erreichen, müssen sie gemeinsam in ihrer Interaktion betrachtet und gestaltet werden. Der soziotechnische Ansatz unterstreicht diese Interaktion und wechselseitige Abhängigkeit zwischen Mensch und Maschine. Die menschlichen Faktoren sind somit eingebettet in ein System von Aufgabe, Technik und Organisation (Abbildung 1) (vgl. Scherer 1998, S. 12f.; Badke-Schaub et al. 2012, S. 13).

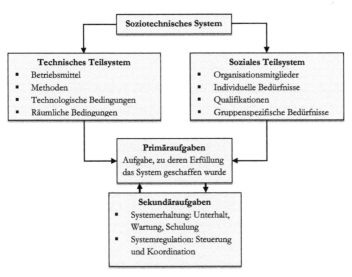

Abbildung 1: Soziotechnisches System (eigene Darstellung; vgl. Scherer 1998)

3.2. Geschichte der Human-Factors-Forschung

3.2.1. Scientific Management

Die Geburtsstunde von Human Factors wird in der Entwicklung des Scientific Management (deutsch: Wissenschaftliche Betriebsführung) gesehen. Dieses Managementkonzept wurde von Frederick Winslow Taylor entwickelt und in seinem Werk *The Principles of Scientific Management* (1911) erörtert. Die Lehre basiert auf detaillierten Analysen von Arbeitsprozessen, um unter den vorherrschenden Arbeitsbedingungen die Arbeitsabläufe zu optimieren und daraufhin die maximale Arbeitsleistung zu erzielen (vgl. Badke-Schaub et al. 2012, S. 11). Das mechanistische Menschenbild der wissenschaftlichen

Betriebsführung nahm den Arbeiter als ineffiziente Maschine wahr. Unzulänglichkeiten sollten mit Werkzeugen und festgeschriebenen Abläufen ausgeglichen werden. Der Mensch wird als Individuum und nicht als Teil der Gruppe analysiert (vgl. Kirchler et al. 2004, S. 26). Die wissenschaftliche Betriebsführung nach Taylor berücksichtigte somit nicht die Bewertung der menschlichen Faktoren im Sinne einer integrativen Sicht auf Mensch, Maschine und Organisation. Sobald Problemlösen, Kreativität und Verantwortung gefordert wird, zeigte die eingeschränkte Betrachtung des Menschen als nichtintentionale und nichtreflexive Maschine Defizite, wie Untersuchungen zu den Auswirkungen des Scientific Management in 35 amerikanischen Industriebetrieben belegten (vgl. Badke-Schaub et al. 2012, S. 12f.)

3.2.2. Soziale Systemgestaltung: die Human-Relation-Bewegung

In den 1930-er Jahren legten die sogenannten Hawthorne-Studien den Grundstein für die Betrachtung des Menschen als soziales und motiviert handelndes Wesen am Arbeitsplatz. Diese Untersuchungen von Mayo (1933) und Roethlisberger und Dickson (1939) wurden in den Hawthorne-Werken der Western Electric Company durchgeführt und zeigten, dass das Wissen um die Teilnahme an einer Studie und insbesondere die zwischenmenschlichen Beziehungen in den Untersuchungsgruppen die Arbeitsleistung erhöhten (vgl. Badke-Schaub 2012, S. 12). Weitere Studien des Human-Relation-Ansatzes belegten dies, zeigten aber auch, dass neben der individuellen Leistungssteigerung auch eine Leistungsminderung aus den Gruppennormen resultieren kann. Zudem kam es nach einem ersten Aufschwung in der Human-Relation-Bewegung zu einer einseitigen Betrachtung, indem Arbeitspsychologen sich zumeist auf die sozialen Faktoren eines Unternehmens konzentrierten und die organisatorischen Strukturen ignorierten. So erklangen hier bereits erste kritische Stimmen bei der künstlichen Trennung des sozialen und des technischen Systems (vgl. Kirchler 2004, S. 60f.).

3.2.3. Soziotechnische Systemgestaltung

Der Ansatz der soziotechnischen Systemgestaltung betont die Interaktion der sozialen und der technischen Teilsysteme eines Arbeitssystems und definiert, dass keines der Teilsysteme ohne Berücksichtigung des anderen optimiert

10

werden kann (vgl. Badke-Schaub 2012, S. 13). Dieser Ansatz ist zurückzuführen auf das Tavistock Institute of Human Relations, das im Jahr 1947 gegründet wurde. Das Institut war in beratender Funktion auf der Grundlage von industriesoziologischen Erkenntnissen für die Industrie tätig. Ab 1949 wurden im englischen Kohlebergbau Studien durchgeführt, die die Folgen der Mechanisierung und der Arbeitsteilungen im Bergbau untersuchten. Im Gegensatz zum oben angeführten Human-Relations-Ansatz bezog das Institut nicht nur das soziale sondern auch das technische System in die Untersuchungen mit ein, da davon ausgegangen wurde, dass beide Systeme voneinander abhingen und sich gegenseitig beeinflussten. Im konkreten Fall sollte die neu eingeführte verbesserte halbmechanische Technologie zum Abbau von Kohle eine Produktionssteigerung herbeiführen. Tatsächlich verursachte die Einführung der neuen Technologie eine Zunahme von Arbeitsunfällen, Arbeitskämpfen und anderen interpersonellen Konflikten. Die Untersuchungen ergaben, dass die Zerstörung der traditionellen Form der Arbeitsorganisation ursächlich für dieses Arbeitsverhalten war. Mit der Einführung der neuen Technologie wurden die Arbeitsgruppen wesentlich vergrößert und durch einen Vorgesetzten geleitet. Waren die einst kleineren Gruppen frei in ihrer Planung und gemeinsam für die vollständige Tätigkeit und ihre Sicherheit verantwortlich, so fehlten diese Elemente in dem neuen Arbeitssystem. Erst als die neue Methode unter Beibehaltung der sozialen Strukturen eingeführt wurde, trat die erwartete Produktionssteigerung ein. Aus dieser und weiterer Untersuchungen entstand der soziotechnische Systemansatz, der entscheidend zur Entwicklung der Arbeits- und Systemgestaltung beitrug. Mit dem stetig steigenden Aufkommen von Informations- und Kommunikationstechnologien wurde der soziotechnische Ansatz ergänzt durch Konzepte, die die Technik als integralen Bestandteil der menschlichen Kultur begreifen (vgl. Kirchler et al. 2004, S. 80ff., Badke-Schaub et al. 2012, S. 13).

3.3. Ziele und Grundlagen der Human Factors

Die Human Factors Forschung gilt als eigenständige Wissenschaft, die als wissenschaftliche Grundlage auf verschiedene Basis- sowie Teildisziplinen der Psychologie zurückgreift und diese mit der praktischen Anwendung kombiniert (vgl. Badke-Schaub et al., 2012, S. 7ff.). Zielsetzung dieser interdisziplinären

Forschungsrichtung ist es, „negative Folgen der Interaktion Mensch und Technik zu vermeiden bzw. zu vermindern und so das Wohlbefinden der Handelnden zu gewährleisten und die Sicherheit sowie die Funktionsfähigkeit des Systems zu verbessern" (Badke-Schaub et al., 2012, S. 7).

3.4. SHELL – Konzeptionelles Human Factors Modell

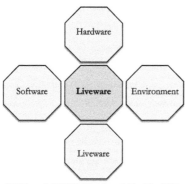

Das vereinfachte Konzeptmodell nach Edwards in der weiterentwickelten Form von Hawkins (2008) eignet sich besonders, um die Forschungsdisziplin der Human Factors zu visualisieren und die Komponenten darzustellen, mit denen der Mensch im soziotechnischen System interagiert (Abbildung 2). Im

Abbildung 2: SHELL-Modell nach Hawkins 2008 (eigene Darstellung; vgl. Wiethof 2012)

Zentrum des Modells befindet sich das Individuum (Liveware). Dieses interagiert mit allen anderen sich aus dem Arbeitsumfeld ergebenden Komponenten.

- **Interaktion Software und Liveware**

Unter diesem Aspekt sind die kognitiven Anforderungen an die Liveware gemeint, die aus den Arbeitsmitteln hervorgehen. Darunter zählen alle nicht-physikalischen Aspekte wie Regeln, Bedienungsanleitungen, Verfahren und Symbole hinsichtlich ihrer Verständlichkeit und hinreichenden Klarheit aber auch die Gebrauchstauglichkeit von tatsächlicher Computersoftware.

- **Interaktion Environment und Liveware**

Unter diesem Punkt ist die Interaktion des menschlichen Akteurs mit den internen und externen Umgebungsvariablen gemeint. Besonders in der Luftfahrt wurde dieser Aspekt vorangetrieben, indem beispielsweise spezielle Anzüge und Helme Schutz gegen Kälte, Lärm, Höhenluft oder auch Beschleunigungskräfte bieten.

- **Interaktion Liveware und Liveware**

Die Interaktion zwischen den Menschen in ihrem Arbeitssystem betrachtet dieser Aspekt. Bestimmende Teile dieses Abschnitts stellen Kommunikationsprozesse, Führungsstile, persönliche Beziehungen sowie teambezogenes Verhalten dar.

- **Interaktion Hardware und Liveware**

Die Verbindung zwischen Hardware und Liveware stellt die Interaktion zwischen Mensch und Maschine dar. Die technische Umgebung sollte zum einen eine effiziente Arbeitsweise zulassen, zum anderen entsprechend der charakteristischen Faktoren des Menschen gestaltet sein. Das folgende Beispiel aus der Luftfahrt zeigt die Bedeutung eines optimalen Designs der Hardware und wie einfach Fehler vermieden werden können, wenn die menschlichen Faktoren in der Gestaltung der Technik berücksichtigt werden:

Am 01. Januar 2007 um 14.07 Uhr verschwand der Flug 547, Typ Boeing B-737-4Q8, der Fluggesellschaft Adam Air vom Radar der Flugsicherung. Das Flugzeug befand sich auf einer Route zwischen Surabaya und Manado (Indonesien) und geriet in eine Schlechtwetterfront. Beide Piloten versuchten Probleme mit dem Navigationsinstrument des Flugzeugs zu beheben und schalteten dabei versehentlich den Autopiloten ab. Ohne diesen geriet das Flugzeug außer Kontrolle und stürzte ab. Alle 96 Passagiere sowie die sechs Crewmitglieder verunglückten tödlich (Kebabjian 2013).

3.5. Aktuelle Strömungen

Die großen Industrieunfälle in den 1980er Jahren beeinflussten die Entwicklung der Human-Factors-Forschung, infolgedessen Sicherheit das zentrale Human-Factors-Thema wurde (vgl. Badke-Schaub 2012, S. 14f.) Es hatte sich gezeigt, dass trotz zunehmender Automatisierung nicht alle Unfälle vermieden werden können, teilweise sogar neue Problemfelder auftreten (vgl. Manzey 2012, S. 337ff.). Die Analysen der Unfallursachen führten zudem dazu, den Menschen nicht mehr nur als Risikofaktor in technischen Systemen zu sehen, sondern die menschlichen Faktoren als Sicherheitsressource zu verstehen. Insbesondere Parameter wie die Sicherheitskultur, die Instrumente der Sicherheit (wie etwa ein Berichtswesen für sicherheitskritische Ereignisse), die Relevanz von Teams sowie die Automatisierung und ihre Grenzen sind in diesem Kontext zu beachten und bilden daher die aktuellen Schwerpunkte der sicherheitsbezogenen Human-Factors-Forschung (vgl. Badke-Schaub et al. 2012, S. 14). Einen gänzlich anderen Ansatz als die retrospektive Analyse von Unfallursachen wagte eine interdisziplinäre Forschungsgruppe mit ihrer Theorie der Hochzuverlässigkeitsorganisationen (*high reliability theory*). Auch diese greifen in ihren Erkenntnissen die Schlagworte Sicherheitskultur, Berichtssysteme und organisationales Lernen auf, wie das folgende Kapitel zeigt.

4. Theorie der Hochzuverlässigkeitsorganisationen

Die Forschungsgruppe, bestehend aus dem Politologen La Porte, der Psychologin Roberts und dem Physiker Rochlin der University of California in Berkeley und Michigan in den USA, befasste sich im Jahr 1984 mit Hochrisiko-Organisationen (HRO) – das sind Organisationen die mit Hochrisiko-technologien oder in einem gefährlichen Umfeld arbeiten. Im Gegensatz zu den Untersuchungen der „normal accidents theory" (Perrow 1984) beschäftigte sich die Forschergruppe nicht mit der alleinigen Analyse von Störfällen und Unfallberichten, sondern der Untersuchung von Organisationen, denen es gelingt, weit unter der zu erwartenden Unfallhäufigkeit zu liegen. Hierzu wurden die systemischen und organisationalen Faktoren in die Betrachtung mitaufgenommen. Die Forschungsgruppe untersuchte zunächst die Abläufe auf einem Flugzeugträger der U.S. Navy. Durch zahlreiche weitere Feldstudien auch von anderen HRO-Forschern erfolgte unter anderem die Analyse der Organisationsstrukturen des Flugsicherungssystems der Federal Aviation Administration (FAA), des Kernkraftwerks Diablo Canyon in Kalifornien/USA sowie von Banken und Krankenhäusern (vgl. Gundel 2004, S. 48ff.; Lutzky 2008; Fahlbruch et al. 2012, S. 26f.). Auch die Vertreter der „high reliability theory" (HRT) gehen davon aus, dass eine vollständige Fehlervermeidung unmöglich ist. Die Ursachen werden allerdings nicht einzig und allein im System gesehen.

> „The point is that accidents occur because the humans who operate and manage complex systems are themselves not sufficiently complex to sense and anticipate the problems generated by those systems" (Weick 1987, S. 112).

Durch die ganzheitliche Betrachtung des Systems (Mensch, Maschine und Organisation) gelangen die HRT-Vertreter zu dem Schluss, dass sich durch organisationale und strukturelle Maßnahmen und durch eine gelebte Sicherheitskultur, eine Fehlerminimierung erzielen lässt. Obgleich die gewonnenen Erkenntnisse der Untersuchungen recht verschieden sind, lassen sich einige wiederkehrende Merkmale identifizieren. Allen untersuchten Organisationen ist gemein, dass Sicherheit als ein übergeordnetes Ziel begriffen wird. Für den Aufbau und Erhalt der Verlässlichkeit kristallisierten die Forscher als gemeinsamen Nenner das Prinzip der Achtsamkeit *(mindfulness)* im Sinne einer ausgeprägten Sicherheitskultur heraus. Zu deren Etablierung und Aufrechterhaltung wurden die fünf Dimensionen

- Konzentration auf Fehler,
- Abneigung gegenüber vereinfachende Interpretationen,
- Sensibilität für betriebliche Abläufe,
- Streben nach Flexibilität,
- Respekt vor fachlichem Wissen und Können

identifiziert, deren kontinuierliches Zusammenspiel kennzeichnend für die gelebte Sicherheitskultur ist. Dies hat zur Folge, dass unerwartete Ereignisse zumeist früh identifiziert und bewältigt werden (vgl. Weick/Sutcliffe 2010, S. 10ff.; Fahlbruch et al. 2012, S. 26f.). Das Prinzip der Achtsamkeit mit seinen fünf Merkmalen lässt sich in zwei Hauptkomponenten unterteilen. Zum einen in die Antizipation von Unerwartetem, aufgrund derer Abweichungen möglichst früh entdeckt werden sollen, um noch genügend Handlungsspielraum zu besitzen. Zum anderen die flexible Reaktion auf Unerwartetes, um plötzlich eintretenden Gefährdungslagen gewachsen zu sein.

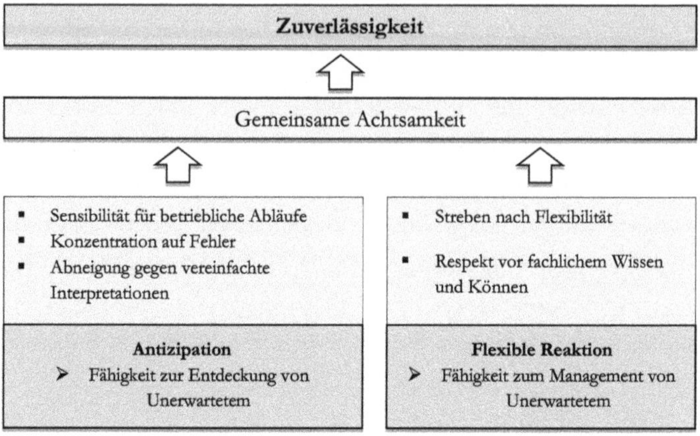

Zuverlässigkeit

⇧

Gemeinsame Achtsamkeit

⇧   ⇧

• Sensibilität für betriebliche Abläufe
• Konzentration auf Fehler
• Abneigung gegen vereinfachte
  Interpretationen
	• Streben nach Flexibilität
	
	• Respekt vor fachlichem Wissen
	  und Können

Antizipation ➤ Fähigkeit zur Entdeckung von Unerwartetem	**Flexible Reaktion** ➤ Fähigkeit zum Management von Unerwartetem

Abbildung 3: Prinzip der gemeinsamen Achtsamkeit (eigene Darstellung, vgl. Mistele 2007)

Mistele (2007) verweist bei seiner Darstellung (Abbildung 3) auf die idealtypische Einteilung des Prinzips der Achtsamkeit, da eine trennscharfe Zuordnung durch die wechselseitige Beeinflussung der fünf Merkmale nicht erfolgen kann.

4.1. Die fünf Merkmale der Hochzuverlässigkeitsorganisationen

• **Konzentration auf Fehler und Sensibilität für betriebliche Abläufe**

Schwerwiegende Fehler oder gar sicherheitskritische Ereignisse bis hin zu Unfällen sind in HROs vergleichsweise selten. Daher rückt die Erfassung und die Analyse von Beinahe-Unfällen und schwachen Anzeichen in das Zentrum des Interesses, da sie auf Schwachstellen hinweisen können, bevor es zum Unfall kommt.

> "If serious failures are rare, one means to get more data points for learning is to broaden the number and variety of failures that are given close attention. Effective HROs both encourage the reporting of errors and make the most of any failure that is reported" (Weick et al, 1999, Seite 39).

Die ausgebildete Konzentration auf Fehler ermöglicht eine rechtzeitige Wahrnehmung von unerwarteten Ereignissen. Fehler können jedoch nur entdeckt werden, wenn eine entsprechende Sensibilität für die betrieblichen

16

Abläufe bei jedem einzelnen Mitarbeiter vorhanden ist und eine Wahrnehmungskompetenz für Abweichungen und Fehler entwickelt wurde. Da sich sicherheitskritische Ereignisse zumeist durch Abweichungen und Fehler ankündigen, achten Mitarbeiter der HRO besonders auf diese Hinweise. Die Akzeptanz eigener Fehlbarkeit hat zur Folge, dass Fehler nicht etwa als Bedrohung oder etwas Negatives sondern als eine Quelle zur Verbesserung der Zuverlässigkeit und zentrales Element des Organisationalen Lernens angesehen werden. Die Wahrnehmungsfähigkeit von Fehlern und der Umgang mit diesen zeugen von einer hohen Reflexionsfähigkeit in HRO und sind oftmals der Auslöser von Reflexions- und Lernprozessen. Dies zeigt sich häufig in dem Berichten und Analysieren von Beinahe-Unfällen und der Förderung des freiwilligen Meldens von Fehlern, zum Teil durch Belohnungssysteme (vgl. Weick 1987, S. 112ff.).

- **Abneigung gegen vereinfachende Interpretationen**

Im Gegensatz zur weit verbreiteten Erfolgsregel, die Dinge zu vereinfachen, um sich auf einige Schlüsselprobleme und Schlüsselindikatoren zu konzentrieren, entwickeln HROs umfassende und komplexe Vorstellungen. Dies geschieht aus der Intention heraus, eine möglichst umfassende Wahrnehmung zu entwickeln, die auf dem Wissen basiert, „dass die Welt, mit der sie es zu tun haben, komplex, unbeständig, unbegreiflich und unvorhersehbar ist" (Weick/Sutcliffe, 2010, S. 11).

- **Streben nach Flexibilität und Respekt vor fachlichem Wissen und Können**

Das Streben nach Flexibilität erwächst aus der Erkenntnis heraus, dass das Unerwartete nicht vorhersehbar und damit nicht planbar ist. Weick und Sutcliffe beschreiben Flexibilität als „eine Mischung aus der Fähigkeit, Fehler frühzeitig zu entdecken, und der Fähigkeit, das System durch improvisierte Methoden am Laufen zu halten" (Weick/Sutcliffe, 2003, Seite 27). Diese Flexibilität zeichnet sich dadurch aus, dass nicht die Problemverhütung, sondern die Identifizierung und Handhabung dieser Probleme, Ziel der Bemühungen ist. Zudem hilft die Akzeptanz der menschlichen Fehlbarkeit, ihre Handlungsfähigkeit auch durch das Auftreten von Unerwartetem zu erhalten. Um in solchen Situationen angemessen und zügig reagieren zu können, müssen Entscheidungen getroffen werden, die auf fachlichem Wissen und Können basieren. Daher treten formale Hierarchien in solchen Fällen in den Hintergrund und legen die Entscheidungsgewalt in die Hände der Personen, die das notwendige Fachwissen oder Können besitzen (vgl. Weick et al, 1999).

4.2. Zusammenfassung

Auch die Anhänger der HRT vertreten die Auffassung, dass es in komplexen Arbeitssystemen immer zu Störungen, Zwischenfällen und Unfällen kommen wird. Allerdings widmen sich die Forschungen nicht ausschließlich einer retrospektiven Betrachtung von Fehlern. Vielmehr werden vor allem die proaktiven strukturellen, technischen und personenbezogenen Möglichkeiten betont, mit denen sich Fehler und deren Folgen eindämmen oder sogar verhindern lassen (vgl. Mistele 2007, S. 61f.). Mit dem Blick auf die Forschungsfrage dieser Arbeit wird ersichtlich, dass insbesondere die drei Begriffe

- Sicherheitskultur,
- Organisationales Lernen,
- Berichtssysteme für Beinahe-Unfälle (englischsprachig: Incident Reporting Systems)

wiederkehrend in den Grundsätzen der Hochzuverlässigkeitsorganisationen sind. Um diese Begrifflichkeiten und ihre Vernetzungen näher zu erläutern, folgt nun eine Exkursion in die Organisations- und Sicherheitsforschung.

5. Sicherheitskultur in Organisationen

Wie in den vorhergehenden Kapiteln bereits verdeutlicht wurde, ist die Betrachtung von Sicherheitsaspekten in Hochzuverlässigkeitsorganisationen oder ebenso in Organisationen Kritischer Infrastrukturen immer auch eine Betrachtung der Sicherheitskultur in den Organisationen. Dies ist insofern nachvollziehbar, als dass Sicherheit nicht nur die Gewährleistung von Arbeitssicherheit beinhaltet, sondern auch die Sicherheit des (soziotechnischen) Systems in die Betrachtung einzubeziehen ist. Somit umfasst Sicherheit das Funktionieren des Systems ohne größere Zusammenbrüche oder Schäden für die Organisation und die Umwelt. Sie ist ein kontinuierlicher Prozess, der aus dem Zusammenwirken von intra- und extraorganisationalen Faktoren entsteht, wie z.B. den Organisationsmitgliedern, der Technologie, den Strukturen oder den Regeln (vgl. Fahlbruch et al., 2012, S. 23).

5.1. Sicherheit, Safety- und Security-Kultur

Der Begriff „Sicherheit im Sinne der Sicherheitswirtschaft und Unternehmenssicherheit meint Sicher-Sein vor Gefahren und Risiken, die zu Schäden führen." (Hoppe/Stober 2010, S. 14). Dabei stellt eine Gefahr eine Sachlage dar, „die bei ungehindertem Geschehensablauf in absehbarer Zeit mit hinreichender Wahrscheinlichkeit zu einem Schaden an Rechts- und Schutzgütern führt" (ebd.). Als Risiko wird der „mögliche, aber ungewisse zukünftige Eintritt eines beeinträchtigenden Ereignisses" bezeichnet (ebd.).

Die englischen Begriffe *safety* und *security* werden im Deutschen zumeist unter dem Begriff Sicherheit zusammengefasst, obwohl sie sich gemäß ihrer Inhaltsbestimmungen tatsächlich unterscheiden. So beschreibt *safety* „den Bereich der Sicherheit, der sich mit natürlichem und technischen Gefährdungen sowie mit menschlichen Versagen befasst" (Hoppe/Stober 2010, S. 19). Sicherheit im Sinne von *security* bezieht sich „auf die Gesamtheit der Maßnahmen zum Schutz von bewusst herbeigeführten Angriffen" (Loroff 2011, S. 58). Beide Definitionen haben gemeinsam, dass sie von Risiken ausgehen, die auf menschlichen Fehlhandlungen basieren, wobei *security* Handlungen betrachtet, die willentlich durchgeführt werden, um Schaden anzurichten. Wie die folgenden Ausführungen zeigen werden, haben Safety- und Security-Kulturen als übergreifendes Ziel, Sicherheitsrisiken zu minimieren und können daher koexistieren und sich gegenseitig verstärken. Daher wird im weiteren Verlauf der Begriff Sicherheit synonym für *safety* und *security* verwendet.

5.2. Sicherheitskulturkonzepte

Die Einbeziehung nichttechnischer Sicherheitsaspekte von Organisationen in die Diskussionen und Analysen zur Sicherheit war nicht immer eine Selbstverständlichkeit. Tatsächlich wurde das Konzept der Sicherheitskultur erst Mitte der 1980er Jahre entwickelt und erlebt seitdem eine stetige Bedeutungszunahme (vgl. Rauer 2011, S.66). In der einschlägigen Literatur lassen sich verschiedene Beschreibungsversuche für die Wortschöpfung

Sicherheitskultur finden. Die wenigen Modellansätze zur Sicherheitskultur beinhalten dabei sowohl beobachtbare Indikationen als auch psychologische Aspekte. Je nach Modell liegen die Schwerpunkte entweder auf der Entwicklung dieser Indikatoren oder auf der Identifikation der Grundannahmen. Fahlbruch, Schöbel und Marold (2012, S. 33) betonen jedoch, dass eine gezielte Optimierung von Sicherheitskultur beide Aspekte beinhalten sollte.

5.2.1. Organisationskultur

Die meisten Sicherheitskulturkonzepte basieren auf Ansätzen aus der Organisationskultur. Eine bedeutende Rolle in diesem Sektor kommt dem Organisationspsychologen Edgar H. Schein (1985) zu. In seinem Kultur-Ebenen-Modell (Abbildung 4) zeigt er drei Ebenen auf, die im bidirektionalen Zusammenhang stehen (vgl. Hinding/Kastner 2011, S. 23ff; Wiethof 2012, S. 13ff.).

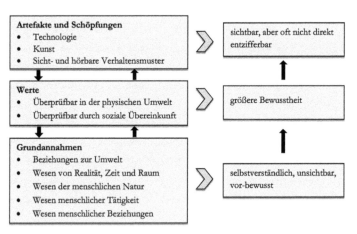

Abbildung 4: Scheins Ebenen-Kulturmodell (1985) (eigene Darstellung; vgl. Hinding/Kastner 2011)

Artefakte und Schöpfungen umfassen alle sinnlich wahrnehmbaren Manifestationen einer Organisation. Neben jenen der Architektur, der eingesetzten Technologien, der Kleidung zählen hierunter auch die Sprache, die Rituale oder das Verhalten der Organisationsmitglieder. **Werte** sind ebenfalls sichtbar, auch wenn sie nicht direkt beobachtbar sind, sondern sich ausdrücken in beobachtbaren Verhaltensweisen basierend auf kollektiven

20

Wertvorstellungen wie Philosophien, Zielen, und Standards, die im Unternehmen angestrebt werden. **Grundannahmen** bilden den Kern einer Organisationskultur. Sie enthalten für selbstverständlich gehaltene Überzeugungen und grundlegende Wertorientierungen, die von den Mitgliedern innerhalb der Organisation geteilt werden. Sie sind weniger leicht zugänglich, da sie tief im Denken der Organisationsmitglieder verankert sind und nur durch tief greifende Methoden erfasst werden können (vgl. Hinding/Kastner 2011, S. 23ff.).

Genauso wie der Begriff der Organisationskultur wird auch der Begriff der Sicherheitskultur durch seinen ganzheitlichen Anspruch auf vielfältige Weise definiert und hinterlässt somit eine gewisse Unschärfe. Nichtsdestotrotz bietet der bisherige Stand der Forschung genug Basis, um detaillierte Sicherheitskulturkonzepte zu entwickeln, von denen die bedeutendsten im Folgenden dargestellt werden.

5.2.2. Sicherheitskulturkonzept der INSAG

Im Jahr 1986 wurde der Begriff erstmalig durch die International Nuclear Safety Group (INSAG) der internationalen Atomenergiebehörde (IAEA) in ihrer Analyse des Reaktorunglücks von Tschernobyl der Öffentlichkeit präsentiert. Die bis dato verfügbaren Begriffe wie Risikoabschätzung, Gefahrenbewusstsein, Bedienungsfehler oder menschliches Versagen genügten nicht, um die Unfallursachen adäquat zu erklären. Zudem waren es keine technologischen Wissensdefizite, die den Unfall verursachten, war doch aus technischer und physikalischer Sicht bekannt, dass eine derartige Bedienung des Reaktors katastrophale Konsequenzen mit sich bringen würde. Um diese Lücke zu schließen wurden Wertvorstellungen, Normen, Fähigkeiten und Verhaltensmuster in die Untersuchungen einbezogen, die zu der Feststellung führten, dass erhebliche organisatorische Mängel zum Unfall beigetragen hatten (vgl. Rauer 2011, S. 69). Die INSAG bezeichnete dieses „kulturelle" Problem zunächst als das „menschliche Element". Erst in dem Report der INSAG von 1991 erfolgte dann eine erste Definition:

> „Safety culture is that assembly of characteristics and attitudes in organizations and individuals which establishes that, as an overriding priority, nuclear plant safety issues receive the attention warranted by their significance." (INSAG 1991, Seite 4).

Sicherheitskultur wird in dieser Begriffsbestimmung als eine Ansammlung von Merkmalen und Einstellungen der Organisation und ihrer Mitglieder verstanden, die dafür Sorge tragen, dass die Sicherheit in kerntechnischen Anlagen als höchste Priorität die ihr angemessene Aufmerksamkeit erhält. Aufbauend auf ihrer 1991 vorgestellten Definition wurden drei Anforderungsebenen ausgearbeitet, deren Umsetzung eine wirkungsvolle Sicherheitskultur ausmacht (Tabelle 3).

Sicherheitskultur	**Verantwortlichkeit auf politischer Ebene**	• Sicherheitsleitbild • Organisationsstruktur • Ressourcen • Selbstregulation von Reviews
	Verantwortlichkeit des Managements	• Definition der Verantwortung • Definition und Kontrolle der Sicherheitsmaßnahmen • Qualifikation und Ausbildung • Belohnungen und Sanktionen • Überwachung und Überprüfung
	Verantwortlichkeit der Individuen	• Fragende Grundhaltung • Gründliches und vorsichtiges Handeln • Kommunikation

Tabelle 3: Merkmale einer Sicherheitskultur nach INSAG 1991 (eigene Darstellung)

Auf der unternehmenspolitischen Ebene werden durch die Organisation selbst wie auch durch politische Aufsichtsorgane sicherheitsrelevante Rahmenbedingungen geschaffen, die den Organisationsmitgliedern eine sicherheitsorientierte Arbeit ermöglicht. Neben sicherheitspolitischen Programmen und Regulationen, betrifft dies ausreichende finanzielle und personelle Ressourcen sowie Sicherheitsmanagementsysteme. Auf der Managementebene werden die Verantwortlichkeiten der Manager bezüglich sicherheitsrelevanter Ereignisse beschrieben. Hierzu zählen typische Aufgaben wie etwa die Festlegung von Verantwortlichkeiten, gezielte Personalentwicklung in Form von Qualifikation und Trainings oder Sanktionen und Belohnungen. Die individuelle Ebene beschreibt den persönlichen Anteil aller am System mitwirkenden Personen. So wird von allen Mitarbeitern in der Organisation eine kritische, sicherheitsbewusste und kommunikative Grundhaltung gefordert. Dass die IAEA Sicherheitskultur als eine ganzheitliche Erscheinung versteht, zeigt sich zum einen durch die Einbeziehung aller Organisationsmitglieder. Insbesondere deren beobachtbare (*characteristics*) und psychologische (*attitudes*) Merkmale spiegeln die Wirksamkeit der Sicherheitskultur wider. Zum anderen wird diese Auffassung durch die Einbeziehung neuer Konzepte erweitert, wie etwa dem Aufbau einer Berichtskultur (vgl. INSAG-15 2002, S. 8) oder etwa dem Konzept der lernenden Organisation inklusive den unterschiedlichen Entwicklungsstufen der Sicherheitskultur (IAEA 1998, S. 9). In dem Sicherheitskulturmodell der INSAG wird gemäß Künzler fast ausschließlich auf sicherheitsrelevante Einstellungen und Grundannahmen Bezug genommen. Vernachlässigt wird der Aspekt, Sicherheit als integralen Bestandteil eines soziotechnischen Systems zu verstehen (vgl. Künzler 2002, S. 81)

5.2.3. Kompetenzförderliche Sicherheitskultur

Der Begriff Sicherheitskultur etablierte sich auch außerhalb der atomaren Sicherheitsforschung und ließ Definitionen entstehen, die einen organisationssoziologischen und -psychologischen Ansatz enthalten, um der Schlüsselrolle des Menschen im System gerecht zu werden. So definieren Grote und Künzler Sicherheitskultur als Gesamtheit der von der Mehrheit der Mitglieder einer Organisation geteilten, sicherheitsbezogenen Grundannahmen und Normen, die ihren Ausdruck im konkreten Umgang mit Sicherheit in allen Bereichen der Organisation finden. Grote und Künzler (1996) verstehen Sicherheitskultur somit als Bestandteil der gesamten Kultur der jeweiligen Organisation. Aus einem soziotechnischen Systemverständnis heraus und auf dem Kulturmodell von Schein basierend, weisen sie auf den Zusammenhang zwischen materiellen und immateriellen Werten hin (vgl. Loroff 2011, S. 57).

Die Verknüpfung des soziotechnischen Systems mit dem Aspekt der Sicherheit erfolgt im Hinblick auf die Primäraufgabe des Systems. Um seine Primäraufgabe zu erfüllen, gilt es das Arbeitssystem nicht nur möglichst effizient und effektiv sondern eben auch sicher zu gestalten. Künzler geht davon aus, dass „wenn Sicherheit als wichtige oder, wie in vielen risikoreichen Unternehmen, gar als zentrale Zielsetzung angegeben wird, (…) sich daraus ableitbare Zielsetzungen und Bestimmungskriterien in den Aufgabendefinitionen finden (müssten)" (2002, S. 117). Damit ist nicht das reine Propagieren von Sicherheit in Leitbildern und Schulungen gemeint. Sicherheit muss als integraler und wichtiger Bestandteil in der Aufbau- und Ablauforganisation verstanden werden, dem ausreichend Ressourcen bereitgestellt werden. Neben der Verankerung des Sicherheitsaspekts in die

Aufbau- und Ablauforganisation, stellt die Selbstregulation zur Erhöhung der Sicherheit einen weiteren wichtigen Aspekt dieses Ansatzes dar. Der Kerngedanke ist, die Erhöhung von Sicherheit durch dezentrale Regulierungsmöglichkeiten vor Ort zu erzielen. Diese Übertragung von Verantwortung, auch als Konzept des Empowerments bezeichnet, wird viel diskutiert, da die direkte Einflussnahme und Kontrolle durch die Führungsebene reduziert wird. Dafür gewinnen Teamunterstützung und das Bereitstellen von Informationen an Bedeutung (vgl. Grote 2012, S. 199). Künzler verweist auf die recht seltene Umsetzung dieses Gedankens und auf die wenigen empirischen Untersuchungen, die neben widersprüchlichen Ergebnissen zum Teil auch andere Untersuchungsziele zum Zweck hatten. Gleichzeitig führt er aber detaillierte Fallstudien an, die den Zusammenhang zwischen der Erhöhung der Prozesssicherheit und den Regulationsmöglichkeiten vor Ort verifizieren (vgl. Künzler 2002, S. 119).

Die beschrieben Aspekte stellen die materielle Ebene in der Organisation dar. Angelehnt an das Modell der Organisationskultur von Schein (1985) steht der materiellen Ebene eine immaterielle gegenüber, die sich in Werten, Normen und Grundannahmen manifestiert. Die immateriellen Faktoren lassen auf die Prinzipien in der Organisation schließen, die wiederum die materielle Ausgestaltung der Organisation bestimmen. Durch diese Wechselwirkung „müssen in einer kompetenzförderlichen Sicherheitskultur sowohl die Wahl und Ausgestaltung der äußeren Sicherheiten (Arbeitssicherheit und technische Systemsicherheit) als auch die Selbstsicherheit der Mitarbeitenden reflektiert und gefördert werden" (Künzler 2002, S. 123). Künzlers vereinfachte Darstellung der Anforderungen an eine kompetenzförderliche Sicherheitskultur gibt Überblick über die Grundideen seines Ansatzes (Abbildung 5).

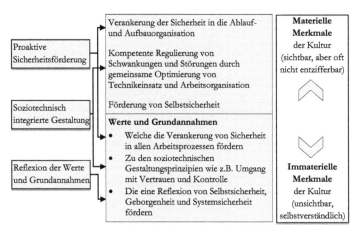

Abbildung 5: Bestandteile der Kompetenzförderlichen Sicherheitskultur (eigene Darstellung; vgl. Künzler 2002)

Aus diesen Gestaltungsanforderungen für soziotechnische Systeme leitet Künzler folgenden Grundsatz ab:

„Je besser die Konzeption von Selbstsicherheit in die bestehenden Maßnahmen des Arbeitsschutzes und der Systemsicherheit integriert ist, d.h. je besser die äußeren und inneren (Un)Sicherheiten ausbalanciert werden können, desto sicherer ist das System." (Künzler 2002, S. 123).

Dieser soziotechnisch orientierte Ansatz betont die strukturellen Aspekte der Organisationsgestaltung, indem den Mitarbeitenden bei Handlungsmöglichkeiten und Entscheidungshoheiten in Bezug auf Sicherheit eingeräumt werden, die zu einer „kompetenzförderlichen Sicherheitskultur" beitragen (Grote/Künzler 2000; Künzler 2002).

5.2.4. Indikatorenmodelle zur Sicherheitskultur

Verschiedene Autoren und Organisationen haben Reifegrad- oder Indikatorenmodelle für Sicherheitskultur entwickelt, die mit unterschiedlichen Indikatoren und Merkmalen eine Bewertung der Sicherheitskultur vornehmen. So hat z.B. Ruppert (1995) ein Indikatorenmodell zur Bewertung für Sicherheitskultur vorgestellt (Tabelle 4).

25

Worin zeigt sich eine Sicherheitskultur?	
Unternehmenspolitik	▪ Sicherheitsphilosophie
	▪ Sicherheitsgrundsätze
	▪ Sicherheitsstrategien im Hause
	▪ Sicherheitsleitlinien im Außenkontakt
Unternehmensorganisation	▪ Aufbau der Sicherheitsorganisation
	▪ Ablauf der Sicherheitsorganisation
Führungsstil	▪ Offenheit für Sicherheitsfragen
	▪ Weitergabe von sicherheitsrelevanten Informationen
	▪ Motivierung von sicherem Handeln
Kommunikation im Unternehmen	▪ Sicherheit als Gesprächsthema
	▪ Sicherheit als Spezialthema
Corporate Identity	▪ Einheitliche Darstellung des Sicherheitswesens

Tabelle 4: Indikatorenmodell zur Sicherheitskultur nach Ruppert (1995) (eigene Darstellung; vgl. Hinding/Kastner 2011)

In Anlehnung an das fünfstufige Reifegradmodell der Sicherheitskultur von Hudson entwickelte das Keil Zentrums (2008) ein Grundmodell (Abbildung 6), das sich lediglich in der Definition der fünf Stufen unterscheidet.

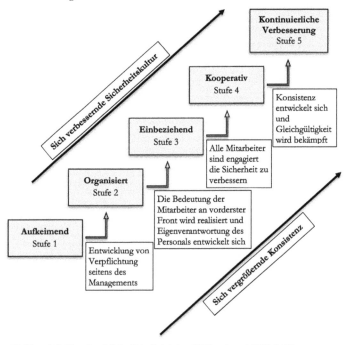

Abbildung 6: Reifegradmodell der Sicherheitskultur (Fahlbruch et al. 2008, S. 60)

In **Stufe 1** (Aufkeimend) ist die Annahme vorherrschend, dass die Hauptverantwortung für Sicherheit der Sicherheitsabteilung obliegt. Sicherheit definiert sich als das Einhalten von Bestimmungen und beinhaltet technische und prozessbezogene Lösungen. Ein Großteil der Mitarbeiter zeigt Desinteresse an Sicherheit. Bei **Stufe 2** (Organisiert) treten Ereignisse häufig auf, werden aber generell als vermeidbar betrachtet. Das Management investiert daher in die Ereignisprävention und sieht unsicheres Verhalten als Ursache für die Ereignisentstehung. Unter **Stufe 3** (Einbeziehend) sind die Ereignisraten relativ gering und das Management erkennt, dass zu Ereignissen beitragende Faktoren im Bereich der Managemententscheidungen liegen. Es herrscht die Überzeugung vor, dass die Beteiligung aller Mitarbeiter zu Fragen der Sicherheit relevant für zukünftige Verbesserungen ist. In **Stufe 4** (Kooperativ) ist sich die Mehrheit der Organisationsmitglieder aus moralischer und ökonomischer Sicht der Bedeutung von Sicherheit bewusst. Neben der Erkenntnis, dass Ereignisursachen auf Managemententscheidungen zurückzuführen sind, akzeptiert der Großteil der Mitarbeiter die persönliche Verantwortung in Bezug auf Sicherheit. Zur Verhinderung von Ereignissen werden proaktive Maßnahmen in die Wege geleitet. Die **Stufe 5** (Kontinuierliche Verbesserung) zeichnet sich dadurch aus, dass die Verhütung von Schäden aller Art ein zentraler Unternehmenswert ist. Obwohl meldepflichtige Ereignisse über einen längeren Zeitraum hinweg nicht vorliegen, besteht ein konstantes Bestreben, die Mechanismen zur Gefahrenkontrolle zu verbessern und mögliche Ereignisquellen vorausschauend zu erfassen (vgl. Fahlbruch et al. 2008, S. 57ff.)

5.3. Messbarkeit von Sicherheitskultur

Die Messbarkeit von Sicherheitskultur stellt nicht zuletzt wegen der differierenden Methoden zur Erfassung bzw. Messung von Kultur eine Herausforderung dar. Eine grundlegende Unterscheidung kann in der Konzeption der Durchführung der Analyse vorgenommen werden. Diese basieren entweder auf der Fremdbeurteilung durch Experten oder auf der Selbstbeurteilung durch Organisationsmitglieder. Im Bereich der kerntechnischen Energie sind die Ansätze zur Selbsteinschätzung der Sicherheitskultur überwiegend, die zumeist auf Betriebsbegehungen, Dokumentenanalysen und Interviews zurückgreifen. Die Forschungsstelle

Systemsicherheit der Technischen Universität in Berlin entwickelte beispielsweise ein Screening-Verfahren zur Selbstbeurteilung der Sicherheitskultur, bei der die funktionellen Faktoren, die eine Organisation lebensfähig machen, in drei Dimensionen gruppiert werden (Tabelle 5). Diese Strukturierung bildet die Basis für die Selbstbeurteilung der Sicherheitskultur (vgl. Fahlbruch et al. 2008, S. 60ff.).

Funktionelle Dimensionen und Faktoren		
Organisationale Ebene	**Gruppenebene**	**Individuelle Ebene**
• Grundannahmen	• Kommunikation	• Kognitive Fähigkeiten
• Ziele und Visionen	• Gruppendynamik	• Regelbefolgung
• Ressourcen	• Führung/Kontrolle	• Qualifikation
• Prozessmanagement und	• soziale Normen	• Risikowahrnehmung
Prozessevaluation	• Vorbild	• Einstellung/Motivation
• organisationales Lernen		• Physiologische
• Training		Einflüsse
• Information, Dokumentation		• Engagement für
• Anreizsysteme		Sicherheit
• Technik		• Verhalten

Tabelle 5: Funktionelle Dimensionen und Faktoren (eigene Darstellung; vgl. Fahlbruch et al. 2008)

Während die Betriebsbegehungen und Dokumentenanalysen zur Einschätzung der Sicherheitskultur anhand beobachtbarer Merkmale dienen, können durch Interviews auch Informationen über unsichtbare Elemente der Kultur, wie Einstellungen und Werte, gewonnen werden (vgl. Fahlbruch et al. 2008, S. 60ff.; 2012, S. 33ff.). Jedoch gibt Hofinger (2008, S. 2) bei den Erhebungsmethoden für die Diagnose der Sicherheitskultur folgendes zu bedenken:

> „Grundsätzlich problematisch für eine Diagnose der Sicherheitskultur ist die Tatsache, dass Befragungen und andere Erhebungsformen immer auch eine Intervention darstellen; das bedeutet, die Messung verändert den Gegenstand der Messung. Objektivierbare Indikatoren, die nicht-reaktiv messbar wären, sind aber noch nicht valide bestimmt worden."

Mit Bezug auf Scheins Kultur-Ebenen-Modell (1985) und Künzlers kompetenzförderlichen Ansatz (vgl. Kap. 5.2) verweist Wiethof (2012) auf die denkbare Klassifizierung menschlicher Fehler als beobachtbare Artefakte einer Sicherheitskultur. Dies resultiert aus der Konsequenz, dass Fehler zumeist negative Folgen nach sich ziehen, die sichtbar sind. Gelingt es, die menschlichen Fehler zu erfassen und genauer zu klassifizieren, sind Rückschlüsse auf die Sicherheitskultur möglich (vgl. Wiethof 2012, S. 22f.).

28

Nicht nur anhand der differierenden Modelle zeigt sich, dass es grundsätzlich schwierig ist, Sicherheitskultur zu erfassen oder gar mittels einer gewissen Anzahl von Indikatoren zu beschreiben. Diese Erfahrung sammelte auch die Nuclear Energy Agency (NEA) in einem Workshop zur Bestimmung organisationaler Merkmale von Sicherheit und Erfassungs- und Evaluationsmethoden zur Identifikation dieser.

> „The different cultural background represented by the participants, using their own terminology and understanding of the factors, made it difficult to have a common definition for certain factors. Some factors are well known and could be defined by a consensus, other factors, such as 'organisational culture', 'organisational knowledge', 'organisational learning' have slightly different interpretation and will need further discussions to reach a common definition." (NEA 1999, S. 11 in: Künzler 2002, S. 49).

Es stellte sich heraus, dass sich die Teilnehmer des Workshops bei einigen Faktoren sehr wohl auf Definitionen einigen konnten. Jedoch bedingt durch verschiedene berufliche Hintergründe der Teilnehmer, die unterschiedliche Kulturen und Produktionssysteme mit sich brachten, war es schwierig, Übereinstimmungen innerhalb der Definition die relevanten Indikatoren zur Organisation zu benennen.

5.4. Positive Beeinflussung von Sicherheitskultur

Um die Sicherheit in Organisationen zu gewährleisten, ist es notwendig, Informationen über potenzielle bzw. reale Gefährdungen zu sammeln und zu analysieren. Die meisten Arbeitsstunden werden jedoch ohne Schaden für Mensch und Umwelt absolviert (vgl. DGUV). Insbesondere die Vertreter der HRO sind für ihre unterdurchschnittliche Unfallrate bekannt (vgl. Kap. 4). Das kann dazu verleiten, dass das Erreichen von Produktionszielen mit der Sicherheit organisationalen Handels gleichgesetzt wird und die Suche nach sicherheitsrelevanten Abweichungen und Fehlern sinkt. An diesem Punkt setzt der Psychologe James Reason an und greift die Notwendigkeit der aktiven Suche, Analyse und Verbreitung sicherheitsrelevanter Informationen auf (vgl. Weick 1987, S. 112ff.; Fahlbruch et al. 2012, S. 34f.).

> „In the absence of sufficient accidents to steer by, the only way to sustain a state of intelligent and respectful wariness is by creating a safety information system that collects, analyses and disseminates the knowledge gained from incidents, near misses and other 'free lessons'" (Reason 1998, S. 302).

So formulierte Reason (1997), basierend auf seinen Theorien zu den Human Errors und der Entstehung von Fehlern (siehe Kap. 7.3), sein Konzept der informierten Kultur *(informed culture)* und stellt die folgenden vier wesentlichen Subkomponenten heraus, deren effektives Zusammenspiel und Wirken eine exzellente Sicherheitskultur schaffen können.

- **Berichtskultur (*reporting culture*)**

> "Effective risk management depends crucially on establishing a reporting culture. Without a detailed analysis of mishaps, incidents, near misses, and "free lessons," we have no way of uncovering recurrent error traps or of knowing where the "edge" is until we fall over it. The complete absence of such a reporting culture within the Soviet Union contributed crucially to the Chernobyl disaster." (Reason 2000, S. 768).

Dies bedeutet, dass Organisationen, insbesondere das Management, auf Informationen über minimale Abweichungen, Fehler und Beinahe-Unfälle angewiesen sind. Daher sind ein funktionierendes Berichtswesen sowie ein gemeinsames Verständnis über den Sinn solcher Informationen notwendig (vgl. Buerschaper 2012, S. 178f.). Zudem müssen folgende psychologische und organisationale Barrieren überwunden werden, die für die Akzeptanz des Berichtssystems notwendig sind: (1) die Abneigung Fehler zuzugeben, (2) Angst vor Repressionen, (3) fehlende Unterstützung durch das Management, (4) Transparenz zwischen Berichten und dadurch bedingte Systemverbesserungen, (5) zusätzlicher Zeitaufwand durch das Melden (vgl. Loroff 2011, S. 66).

- **Gerechtigkeitskultur (*just culture*)**

Eine informierte Kultur erfordert zudem eine gerechte Kultur. Ohne Vertrauen in der Organisation kann die natürliche Hemmschwelle eigene oder Fehler der Kollegen offiziell zu berichten nicht überwunden werden. Niemand wird einen Fehler zugeben, wenn jeder Fehltritt mit Sanktionen behaftet ist. Somit muss dieses Vertrauen durch eine klar definierte Richtlinie aufgebaut werden, die die Grenze zwischen akzeptierten und nicht akzeptierten sicherheitsrelevantem Verhalten aufzeigt. Dies beinhaltet auch die Definitionen von Ereignisbegriffen wie Fehler oder Beinahe-Unfall (vgl. Loroff 2011, S.63ff.; Buerschaper 2012, S. 179).

„Die Grenze ist entscheidend, weil sie unakzeptable Verhaltensweisen, die disziplinarische Maßnahmen erfordern, von akzeptablen Verhaltensweisen trennt, bei denen eine Bestrafung nicht angemessen ist und die ein erhebliches Lernpotential enthalten." (Weick & Sutcliffe 2003, zitiert in: Buerschaper 2012, S. 179).

- **Flexible Kultur (*flexible culture*)**

Zum Dritten ist eine informierte Kultur geprägt vom flexiblen Umgang mit den formalen Informations- und Entscheidungswegen. Dieser Aspekt beruht im Wesentlichen auf den Forschungen im Bereich der HRO. Diese Organisationen zeichnen sich dadurch aus, dass sie in der Lage sind, in Phasen unerwarteter Ereignisse oder erschwerter Bedingungen von der bestehenden hierarchischen und formalisierten Struktur abzuweichen und dezentrale Entscheidungsstrukturen mit einer aufgabenbezogenen Arbeitsweise unter Einbindung der Expertise der Mitarbeiter zu reorganisieren (vgl. Weick & Sutcliffe 2010, S. 10ff.; Wiethof 2012, S. 22; Buerschaper 2012, S. 179).

- **Lernkultur (*learning culture*)**

Eine Lernkultur zeigt sich in der Bereitschaft und Fähigkeit, die richtigen Schlussfolgerungen aus sicherheitsrelevanten Informationen (durch die Berichtskultur) zu ziehen und notwendige Veränderungen und Maßnahmen anzuschieben und zu implementieren. Dazu müssen Informationen über beobachtbare Ereignisse vorliegen, die den Organisationsmitgliedern in geeigneter Weise zugänglich gemacht werden (vgl. Nerdinger et al. 2011, S. 469). Unter Lernkultur wird in diesem Zusammenhang auch die Kommunikation über sicherheitsrelevante Angelegenheiten verstanden, die die Wahrnehmungs- und Denkprozesse der Organisationsmitglieder über Sicherheitsthemen aktivieren und schärfen (vgl. Buerschaper 2012, S. 179f.)

Die Entwicklung einer Sicherheitskultur zu einer informierten Kultur involviert nicht nur den einzelnen Mitarbeiter, sondern fordert besonders die Management- bzw. die Führungsebene. Sie müssen sich der Bedeutsamkeit von Sicherheitskommunikation bewusst sein, es ist entscheidend für die Entwicklung der Sicherheitskultur. Dazu gehört auch, bestehende Grundannahmen zu hinterfragen und gegebenenfalls aufzugeben (vgl. Fahlbruch et al. 2012, S. 35).

5.5. Zusammenfassung

Obgleich die verschiedenen Konzepte zur Sicherheitskultur in einigen Ansätzen differieren und den einen (psychologischen) oder anderen (beobachtbaren) Aspekt mehr beleuchten, steht stets das Management in der Verantwortung, Sicherheitskultur zu fordern und zu fördern. Des Weiteren kann eine fortschreitende Einbeziehung eines jeden Mitarbeiters im Sinne des Empowerments förderlich für die Sicherheitskultur sein. Der einzelne Mitarbeiter ist es auch, dessen Wissen und Erfahrungen unabkömmlich für das organisationale Lernen sind. Dafür braucht es Instrumente wie das IRS, das fest in die Organisationsstrukturen verankert ist und dafür Sorge trägt, dass das Wissen und die Erfahrungen auf der individuellen Ebene in die Organisation zurückfließen und aufgebarbeitet werden können.

> „Eine lernförderliche Unternehmenskultur zu Sicherheit (...) zeigt sich in Artefakten, etwa Lernmaterialien, Lernformen, Wissensbeständen etc., in bekundeten Werten sowie in Grundannahmen" (Hinding/Kastner 2011, S. 26).

Reason (1997) betont in seinem Konzept der informierten Kultur (Kap. 5.4), dass Berichtssysteme für unerwünschte Ereignisse (englisch: *Incident Reporting Systems*), positiven Einfluss auf die Sicherheitskultur ausüben. Dies belegen Untersuchungen in verschiedenen HRO in denen IRS ein konstitutives Kernelement der Sicherheitskultur sind. IRS sind vorwiegend in der Luftfahrt und der Kernkraft vorzufinden und gelten als ein Meilenstein auf dem Weg zur systematischen Erhöhung der Sicherheit. Zudem sind IRS auf dem besten Wege eine ebenso große Bedeutung in Bereich des Gesundheitswesen zu erlangen (vgl. Rall et al. 2006).

Bevor sich im Kapitel 8 dezidiert mit dem IRS auseinandergesetzt wird, sollen in den folgenden zwei Kapiteln die Ansätze zum organisationalen Lernen und der Zusammenhang zwischen Fehlern und Unfällen vorgestellt und diskutiert werden. Dies ist Voraussetzung, um die Zielsetzung des Berichtssystems zu verstehen und seinen Stellenwert in der Organisation einzuordnen.

6. Das Organisationale Lernen

Gemäß dem Konzept der informierten Kultur von Reason (1997) ist die Lernkultur ein tragendes Element in einer Sicherheitskultur. Dies liegt auf der Hand, da erst durch eine Lernkultur aus sicherheitsrelevanten Informationen, die durch die Berichtskultur generiert werden, notwendige Veränderungen und Maßnahmen umgesetzt und implementiert werden. Bis heute existiert in der Literatur keine einheitliche Auffassung, was der Begriff lernende Organisation eigentlich genau bedeutet. So bezeichnet Weinert (2004, S. 581) eine lernende Organisation als „eine Organisation, die eine kontinuierliche Fähigkeit entwickelt hat, sich anzupassen und zu verändern. Aktiv erwirbt, vermittelt und transferiert sie Informationen durch die gesamte Organisation." Cortolezis-Schlager und Pellert (2011, S. 79) verstehen unter dem Begriff eine „Organisation, in deren Struktur Mechanismen zu ihrer Fortentwicklung (Evaluation, Restrukturierung etc.) dauerhaft integriert sind (z.B. durch Feedback, Coaching)." Anhand dieser Definitionen wird bereits ersichtlich, dass im Kern unter einer lernenden Organisation eine Organisation verstanden wird, die sich kontinuierlich weiterentwickelt und in der der Wandel als normal erachtet wird.

6.1. Individuelles Lernen

Es existieren viele Theorien über das individuelle Lernen. Die wichtigsten lerntheoretischen Ansätze, die sich mit sicherem Verhalten in Beziehung setzen lassen, sind das Assoziationslernen, das Erfolgslernen und das Lernen am Modell. Da der Fokus dieser Arbeit auf dem Beitrag des IRS zum organisationalen Lernen liegt, werden die Theorien, die die Art und Weise des Lernens von Individuen beschreiben, nur kurz erläutert. **Assoziationslernen** beruht auf der Erkenntnis, dass neu zu Lernendes leichter behalten wird, wenn es mit bestimmten Reizen verknüpft wird. Es wird unterschieden in biologische Grundformen des Lernens (Prägung, Habituation, Sensivierung), kognitive Verknüpfungen (Abfolge von Reizen wie z. B. bestimmte Signale) und Konditionierung (Verknüpfung von neutralen und reflexauslösenden Reizen). Beim **Erfolgslernen** entscheiden die Konsequenzen aus dem Verhalten, über dessen zukünftiges Handeln. So wird ein Verhalten öfter gezeigt, wenn eine positive Rückmeldung erfolgt oder eine negative ausbleibt.

Tritt eine erwartete positive Konsequenz auf ein Verhalten über längere Zeit nicht ein, so wird dieses Verhalten seltener oder ganz eingestellt. Bei negativen Konsequenzen wird das dafür ursächliche Verhalten seltener. Das **Lernen am Modell** beruht auf dem Grundgedanken, dass neue Verhaltensweisen durch Beobachten und Imitation erworben werden, vor allem dann, wenn das Modell als erfolgreich empfunden wird (vgl. Loroff 2011, S. 17ff.).

6.2. Organisationales Lernen

„Eine lernende Organisation nimmt aktiv Wissen auf und vermittelt dieses in der ganzen Organisation." (Nerdinger et al. 2011, S. 156).

Für das organisationale Lernen ist vor allem entscheidend, dass das Individuum als Teil des soziotechnischen Systems eine einflussreiche Rolle im Prozess des organisationalen Lernens einnimmt, denn letztlich sind es die Individuen, die lernen. Dies kann auch im Kollektiv, in der Gruppe oder im Team geschehen. Die Summe individueller Lernprozesse ist jedoch nicht mit dem organisationalen Lernen gleichzusetzen, da nicht bei jedem individuellen Lernen auch die Organisation lernt. Dennoch ist das individuelle Lernen unerlässlich für ein organisationales Lernen. Individuell erworbenes Wissen muss daher in irgendeiner Weise in der Organisation gespeichert und weitergegeben werden, damit es auch zugänglich bleibt, wenn der Mitarbeiter die Organisation verlässt. (vgl. Lembke S. 2001, 54ff.; Hinding/Kastner 2011, S. 27ff.). Zum organisationalen Lernen existieren zahlreiche Ansätze. Das vermutlich bekannteste Modell des organisationalen Lernens stammt von Argyris und Schön (1978), die verschiedene Arten des Lernens darstellen.

6.2.1. Adaptives Lernen (*Single Loop Learning*)

Mittels bestehender organisationaler Praktiken und in der Vergangenheit bewährter Routinen werden auftretende Fehler bewältigt. Innerhalb dieser Rahmenbedingungen werden die Handlungen angepasst, die nicht zum erwünschten Ergebnis führen (Abbildung 7). Die Rahmenbedingungen der Organisation, wie Grundannahmen, Normen, Werte und Strukturen, werden nicht in Frage gestellt und bleiben unverändert.

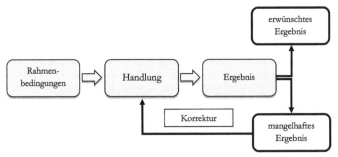

Abbildung 7: Single Loop Learning (eigene Darstellung; vgl. Argyris/Schön 1999)

Das adaptive Lernen führt demzufolge zu einer Effizienz der Handlungen innerhalb der bestehenden Rahmenbedingungen, was zur Folge hat, dass bessere Ergebnisse erzielt werden, wobei das vorhandene Repertoire an Verhaltensweisen jedoch gleich bleibt (vgl. Lembke 2001, S. 61ff.; Hinding/Kastner 2011, S. 28ff.; Nerdinger et al. 2011, S. 156ff.).

6.2.2. Generatives Lernen (*Double Loop Learning*)

Beim Double Loop Learning kommt eine weitere Lernebene hinzu, indem die Rahmenbedingungen hinterfragt und gegebenenfalls modifiziert werden, wenn die reinen Anpassungsmaßnahmen des *Single Loop Learning* zur Ergebnisverbesserung nicht ausreichen (Abbildung 8). Im Gegensatz zum Single Loop Learning erweitert sich so das vorhandene Handlungspotential.

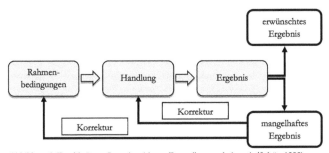

Abbildung 8: Double Loop Learning (eigene Darstellung; vgl. Argyris/Schön 1999)

Diese Form des organisationalen Lernens erfordert ein veränderungsfähiges und veränderungsbereites Management, da beispielsweise die Veränderung von scheinbar altbewährten Handlungsmustern nicht konfliktfrei umzusetzen ist. Daher haben sich Offenheit für Informationen, eine gute Kommunikation und

35

die Fähigkeit, eigene Standpunkte und Überzeugungen in Frage zu stellen und zu verändern als besonders bedeutsam herausgestellt. Letztlich hängt generatives Lernen von der Durchsetzungskraft der einen oder anderen Gruppe ab (vgl. Lembke 2001, S. 63; Hinding/Kastner 2011, S. 28f.).

6.2.3. Lernen durch doppelte Reflexion (Deutero Learning)

Auf dieser Lernebene werden die vergangenen Lernvorgänge in der Organisation analysiert und hinterfragt, mit dem Ziel, die bisherigen Lernstrategien zu optimieren und die Lernfähigkeit der Organisation zu verbessern. Diese Reflexion des Lernkontextes und das Aufdecken von Lernhindernissen und Lernerleichterungen ermöglicht die Verbesserung der Lernprozesse sowohl auf der Single Loop als auch auf der Double Loop Ebene (vgl. Lembke 2001, S. 64).

6.2.4. Lernen aus Betriebserfahrung

„Das Lernen aus Betriebserfahrung beschreibt den erfolgreichen Erfahrungsrückfluss." (Fahlbruch et al. 2012, S. 30).

In Anlehnung an die Lernebenen von Argyris und Schön (1978) zeigt Koornneef (2000) in seinem Werk *Organised learning from small-scale incidents* die Möglichkeit auf, wie unerwünschte Ereignisse (*small-scale incidents*) einerseits als Lernmaterial dienen können, andererseits Auslöser für das Lernen in Organisationen sind. Koornneef betont, dass organisationales Lernen nur stattfinden kann, wenn die Erfahrungen des Individuums nicht auf der individuellen Ebene verbleiben, sondern in das Bewusstsein der Organisation gehoben werden. Dazu müssen die Erfahrungen des Individuums durch ein Organ (*Agency*) des organisationales Lernsystems erfasst und analysiert werden. Nach der Analyse der eingegangenen Meldung (*notify*) können dann angepasste Handlungen abgeleitet (*single loop learning*) oder Rahmenbedingungen hinterfragt und geändert werden (*double loop learning*) (Abbildung 9) (vgl. Koornneef 2000).

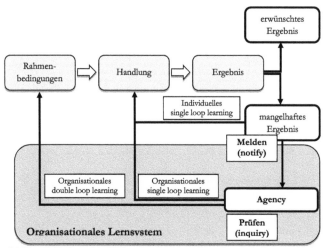

Abbildung 9: Single- und double loop learning (eigene Darstellung; vgl. Koornneef 2000)

7. Fehler, Zwischenfälle und Unfälle

Bevor auf das IRS eingegangen werden kann, erscheint es notwendig neben der Definition des Begriffs Fehlers den Zusammenhang zwischen Fehlern, Zwischenfällen und Unfällen aufzuzeigen.

7.1. Bestimmung des Fehlerbegriffs

Fehler begleiteten das menschliche Handeln seit jeher. Dies schließt auch die Mitarbeitenden in jeglichen Organisationen, auch denen Kritischer Infrastrukturen, ein. Ähnlich den theoretischen Ansätzen zur Sicherheitskultur gibt es jedoch auch in der Fehlerforschung keine einheitliche Definition, da sich diesem Thema aus unterschiedlichen Richtungen mit unterschiedlichen Fokussen genähert wird. Gemäß Hofinger (2012) existiert dennoch ein gemeinsamer Kern in allen Fehlerdefinitionen.

> „Fehler sind eine Abweichung von einem als richtig angesehenen Verhalten oder von einem gewünschten Handlungsziel, das der Handelnde eigentlich hätte ausführen bzw. erreichen können" (Hofinger 2012, S. 40).

Auf Basis dieser Formulierung leitet Hofinger folgende Begriffsabgrenzung ab:

Eingrenzung des Fehlerbegriffs
• Von Fehler kann man nur sprechen, wenn menschliches Handeln betroffen ist – Maschinen machen keine Fehler, sie können entweder defekt oder falsch programmiert sein.
• Fehler können im Prozess des Handelns oder im Handlungsergebnis liegen.
• Fehler setzen eine Absicht (Intention) voraus, die nicht wie geplant ausgeführt wird.
• Die Bezeichnung einer Handlung oder eines Handlungsergebnisses als „Fehler" setzt also eine Bewertung voraus.
• Fehler setzen voraus, dass das Wissen und Können für die richtige Handlungsausführung vorhanden war.

Tabelle 6: Eingrenzung des Fehlerbegriffs (eigene Darstellung; vgl. Hofinger 2012)

7.2. Fehler und Unfälle

• **Personenansatz**

Das Personenmodell bzw. der Personenansatz der klassischen Fehlerforschung befasst sich mit den individuellen Handlungsfehlern. Bei der Analyse von Unfällen ist der Fokus darauf gerichtet, die fehlerhafte Handlung zu finden, die ursächlich für den Unfall war. Im Rahmen der Forschung wurden dazu verschiedene Unfallsituationen verglichen, um herauszufinden unter welchen Bedingungen Menschen welche Arten von Fehlern machen. Diese Herangehensweise prägte den Begriff des „menschlichen Versagens" und führte zu einer Haltung des „naming, blaming, shaming", die auch heute noch häufig in manchen Sektoren Kritischer Infrastrukturen (z.B. im Gesundheitswesen) anzutreffen ist (vgl. Hofinger 2012, S. 43ff.)

• **Systemansatz**

Bei dem Organisationsmodell bzw. dem Systemansatz werden Fehler aus einer systemischen Sicht heraus betrachtet. Grundlage ist die Annahme, dass nicht eine falsche Handlung zu Unfällen in soziotechnischen Systemen führt, sondern weitere latente Faktoren in der Organisation zu der Entstehung von Unfällen beitragen. Auf Basis dieser systemorientierten Sichtweise entwickelte der englische Psychologe James Reason das Swiss Cheese Model of System Accidents (Abbildung 10), welches aufzeigt, dass letztlich Handlungen und Ereignisse auf mehreren organisationalen Ebenen erst zusammen dazu führen, dass ein unerwünschtes Ereignisses eintrifft (vgl. Reason 2000, S. 769). Es zeigt, wie die verschiedenen Sicherheitsbarrieren eines Systems aufgrund von Latenten Fehlerquellen (*latent conditions*) durchdrungen werden können und den

38

Eintritt eines unerwünschten Ereignisses (*adverse event*) z.B. eines Unfalls aufgrund eines aktiven Fehlers (*active failures*) ermöglichen.

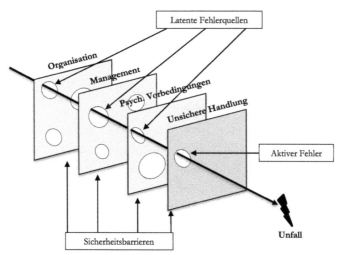

Abbildung 10: Swiss Cheese Model of System Accidents (nach Reason 1990)

- **Unsichere Handlungen bzw. aktive Fehler (*active failures*)**

Aktive Fehler werden gemäß Reason (1997) unmittelbar am „scharfen Ende" (*sharp end*), an der Schnittstelle Mensch-System, begangen. Aktive Fehler sind sichtbar, da sie direkten Einfluss auf das System haben und das Potenzial besitzen, Zwischenfälle oder Unfälle auszulösen.

> „Such unsafe acts are likely to have a direct impact on the safety of the system and, because of the immediacy of their adverse effects, these acts are termed active failures" (Reason 1997 in: Wiethof 2012, S. 24).

- **Latente Fehlerquellen bzw. Bedingungen *(latent conditions)***

Latente Bedingungen hingegen entstehen am „stumpfen Ende" einer Organisation, wo Entscheidungen getroffen werden, die zunächst keine unmittelbaren Konsequenzen hervorrufen. Diese können unterschiedlich geartet sein, von organisatorischen bis zu strukturellen Entscheidungen. Fern von der Schnittstelle Mensch-Maschine bleiben sie so lange unbemerkt, bis ihre Kombination mit einem lokal auslösenden Faktor, z.B. in Form eines aktiven Fehlers, die Sicherheitsbarrieren des Systems durchbrechen (vgl. Hofinger 2012, S. 44). Reason (1998) geht davon aus, dass diese latenten Bedingungen viele Jahre im System „ruhen" und sich die Lücken in den Sicherheitsbarrieren etwa durch aktive Fehler verschieben können.

> „The holes due to active failures are likely to be relatively short-lived, while those arising from latent conditions may lie dormant for many years until they are revealed by regulators, internal audits or by incidents and accidents. It is also important to recognize that, unlike the holes in Swiss cheese slices, these defensive gaps are not static, especially those due to active failures." (Reason 1998, S. 296).

7.3. Unsichere Handlungen

Die bekannteste Klassifikation von Fehlern stammt ebenfalls von Reason (1990), der die einzelnen Fehlerarten und -formen aufschlüsselt. Zunächst lassen sich Fehler als unsichere Handlungen in beabsichtigtes und unbeabsichtigtes Fehlverhalten unterteilen.

Die unbeabsichtigten Fehlhandlungen, die als Handlungs- oder Ausführungsfehler bezeichnet werden, verursachen den Eintritt eines Misserfolgs, weil die tatsächliche Handlung anders als ursprünglich geplant ausgeführt wird. Diese Handlungsfehler werden weiter unterteilt in Aufmerksamkeits- (*slips*) und Gedächtnisfehler (*lapses*). Aufmerksamkeitsfehler bei denen eine richtige Tätigkeit falsch durchgeführt wird, treten vor allem bei automatisierten Vorgängen in vertrauter Umgebung auf. Gedächtnisfehler hingegen resultieren aus Problemen in der Informationsspeicherung, indem sich beispielsweise an einzelne Prozessschritte nicht korrekt erinnert wird.

Bei beabsichtigten Handlungen liegt der Fehler bei der Planung einer Handlung. Hier erfolgt die Unterteilung in Fehler (*mistakes*) und Verstöße (*violations*). Die Fehler sind definiert als regelbasierte Fehler, da die Handlung so ausgeführt wird, wie sie geplant war. Jedoch tritt die beabsichtigte Folge nicht ein, da (1) eine „gute" Regel falsch angewendet oder (2) eben nicht angewendet oder aber (3) eine „falsche" Regel angewendet wurde. Weiter können bei fehlendem Wissen über eine Situation Fehler entstehen, wenn aus dem vorhandenen Wissen ein Plan generiert wird, der im falschen Kontext angewendet wird oder auf falschem Wissen basiert.

Eine Verhaltensweise, die von einer Person während ihres Handelns nicht als Fehler eingestuft wird, wohl aber von anderen bzw. im Nachhinein, wird als Verstoß bezeichnet. Darunter fallen das beabsichtigte Abweichen von

Regeln und Vorschiften. Zumeist haben diese Verhaltensweisen nicht das Ziel, sicherheitskritische Ereignisse herbeizuführen, sondern können persönlicher (Kompetenzstreben, Statussicherung) oder arbeitsbezogener (Zeit- oder Ressourcenersparnis) Art sein. Unter Verstöße fallen auch Sabotageakte, die wiederum das Ziel verfolgen, sicherheitskritische Ereignisse herbeizuführen (vgl. Reason 1998; 2000; Hofinger 2012, S. 52ff.). Eine grafische Darstellung über die Zusammenhänge der beschriebenen Fehlerklassifikation ist Abbildung 11 zu entnehmen.

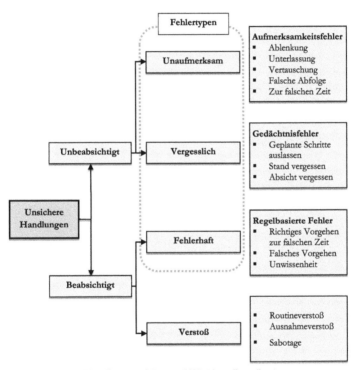

Abbildung 11: Fehlerklassifikation nach Reason (1990) (eigene Darstellung)

7.4. Zusammenhang zwischen Fehlern, Zwischenfällen, Unfällen

Löst die handelnde Person am „scharfen Ende" durch einen aktiven Fehler ein unerwünschtes Ereignis aus, kann sich dies in einem Unfall oder einem Zwischenfall manifestieren. Ein Unfall ist per Definition ein unerwünschtes Ereignis, das Schaden mit sich bringt. Die Definition des Begriffs Zwischenfall beschreibt grundsätzlich ein Ereignis, bei dem sich der Fehler manifestiert, aber kein (größerer) Schaden zur direkten Folge hatte. In den verschiedenen Branchen differieren die Definitionen leicht, so erfolgt die Abgrenzung in der Luftfahrt nach der Schwere des Schadens. Während in diesem Bereich ein Zwischenfall ein Unfall ohne schwer verletzte oder gar getötete Person(en) sowie ohne immensen materiellen Schaden ist, wird in der Medizin ein Zwischenfall zumeist definiert als ein Fehler ohne Schaden, der zu einem Schaden hätte führen können (vgl. Aktionsbündnis Patientensicherheit e.V. 2007; Hofinger 2012, S. 39ff.)

Empirisch nachprüfbare Zusammenhänge zwischen unsicheren Handlungen und tatsächlichen Unfällen wurden bereits mehrfach im Rahmen der Arbeitsunfallforschung festgestellt und anhand von „Unfallpyramiden" illustriert. So verdeutlicht H.W. Heinrich (1931) den zahlenmäßigen Zusammenhang zwischen schweren, leichten sowie Beinahe-Unfällen (Abbildung 12). Dazu führte er eine Beobachtungsstudie von 550.000 Unfällen durch, aus

Abbildung 12: Heinrichs Unfallpyramide (1931)

der unter anderem die später als „Heinrichs Gesetz" bezeichnete Erkenntnis resultierte. Auf einen größeren Unfall kamen 29 kleinere Unfälle sowie 300 sicherheitsrelevante Ereignisse ohne Schaden. So trivial die Erkenntnisse zunächst erscheinen mögen, so deutlich zeigen sich die Zusammenhänge in der grafischen Darstellung der sogenannten Heinrich-Pyramide (vgl. Köbberling, 2004; Roughton 2008).

7.5. Ursachen menschlicher Fehler

Mit dem Aufzeigen des Zusammenhanges zwischen Fehlern, Zwischenfällen und Unfällen stellt sich zugleich die Frage nach den Ursachen, die den menschlichen Fehlern zu Grunde liegen. Die zwei folgenden Untersuchungen geben Aufschluss darüber.

7.5.1. Dirty Dozen-Modell von Dupont (1994)

Ein in der Praxis entstandener etablierter Ansatz zur Klassifikation menschlicher Fehlerursachen ist das Dirty Dozen-Modell von Dupont (1994) (vgl. Schlier 2008; Wiethof 2012, S. 25ff.). In diesem Modell werden zwölf Faktoren benannt, welche sich in seinen Untersuchungen als die häufigsten Ursachen für Fehler, Zwischenfälle und Unfälle herausstellten (Tabelle 7).

1	Lack of Communication – Mangel an Kommunikation
	• Fehlen effektiver und zielgerichteter Kommunikation
	• Fehlen aufgabenspezifischer Kommunikation
	• Fehlende Klärung über den Stand von Arbeitsaufgaben
2	**Complacency – Selbstgefälligkeit**
	• Unterschätzung eines selten auftretenden Ereignisses oder Problems
	• Überschätzung der eigenen Möglichkeiten
	• Nachlässigkeiten und mangelnde Sorgfalt bei der Durchführung von Arbeitsaufgaben
3	**Lack of Knowledge – Mangel an Wissen**
	• Fehlendes oder veraltetes Fachwissen von Mitarbeitern
	• Unzureichende Ausbildung, fehlende Berufserfahrung, fehlende Routine bzw. Sicherheit
4	**Distraction – Ablenkung**
	• Ablenkung von Mitarbeitern durch äußere Reize und Störungen
	• Unterbrechungen von geistigen oder körperlichen Aufgaben
5	**Lack of Teamwork – Mangel an Teamwork**
	• Schlechte Zusammenarbeit zwischen Teammitgliedern
	• Mangelnde Koordination über Aufgabeninhalt und Aufgabendurchführung
6	**Fatigue – Erschöpfung**
	• Akute Müdigkeit z.B. durch Schichtarbeit oder durch Überstunden
	• Körperliche Beeinträchtigungen z.B. durch Erkrankungen
7	**Lack of Resources – Mangel an Ressourcen**
	• Fehlende oder mangelhafte Ausrüstung und Arbeitsmaterialien
	• Mangel an Personal
	• Mangel an Informationen und Anweisungen
	• Mangel an Führung der Mitarbeiter
8	**Pressure – Druck**
	• Zeitdruck z.B. durch terminliche Vorgaben
	• Wirtschaftlicher Druck durch Kostensenkungen
9	**Lack of Assertiveness – Mangel an Durchsetzungsvermögen**
	• Scheu vor Konflikten, Ausweichen vor Konfrontationen
	• Unsicherheit beim Aufzeigen von Problemen und Sicherheitsdefiziten
10	**Stress – Stress**
	• Starke mentale Beanspruchung von Mitarbeitern
	• Beeinträchtigung von Mitarbeitern durch Ängste und Sorgen
	• Stress in sozialen Situationen
11	**Lack of Awareness – Mangel an Aufmerksamkeit**
	• Mangelndes Situationsbewusstsein
	• Mangelndes Erkennen bzw. Übersehen möglicher Gefahrenquellen (Gefahrenkognition)
12	**Norms – Soziale Normen**
	• Etablierung von Normen und Entwicklung einer Handlungskultur aufgrund sozialer Prozesse, die sich negativ auf die Sicherheit auswirken

Tabelle 7: Dirty Dozen nach Dupont (1997) (eigene Darstellung; vgl. Wiethof 2012)

In Anlehnung an das INSAG-Sicherheitskulturkonzept unterteilt Wiethof (2012) die Faktoren des Dirty Dozen-Modells in drei Verantwortungsebenen.

Dirty Dozen Verantwortungsebenen		
Organisationale Faktoren	Kollektive Faktoren	Individuelle Faktoren
▪ Mangel an Ressourcen ▪ Stress ▪ Druck ▪ Mangel an Wissen	▪ Soziale Normen ▪ Mangel an Teamwork ▪ Mangel an Kommunikation ▪ Erschöpfung	▪ Ablenkung ▪ Mangel an Aufmerksamkeit ▪ Selbstgefälligkeit ▪ Mangel an Durchsetzungsvermögen

Tabelle 8: Dirty Dozen Verantwortungsebenen einer Sicherheitskultur (Wiethof 2012, S. 26)

Wiethof selbst vermerkt in seinem Werk, dass seine Einteilung in drei Verantwortungsebenen noch einer empirischen Validierung bedürfen, verweist aber auch auf die theoretische Plausibilität und die Praxisnähe des Dirty Dozen-Ansatzes (vgl. Wiethof 2012, S. 27). Anzumerken ist, dass Wiethofs Einteilung in drei Verantwortungsebenen, Ähnlichkeiten zum wissenschaftlichen Ansatz zur Selbstbeurteilung der Sicherheitskultur aufweist, bei der die funktionellen Faktoren in identische Ebenen bzw. Dimensionen gruppiert werden. Daher spiegeln sich die zwölf Faktoren des Dirty Dozen-Modells auch innerhalb dieser funktionellen Faktoren wider (vgl. Kap. 5.3, Tabelle 5). Gemäß Wiethof führt die Einordnung der Fehlerfaktoren in Verantwortungsebenen im Hinblick auf die Etablierung einer Sicherheitskultur zur zielgerichteten Verbesserung der Organisation, da „mit diesen Ergebnissen (…) Rückschlüsse auf einen eventuellen Verbesserungsbedarf gezogen werden (können), wie beispielsweise die Erhöhung der Selbstregulation auf individueller Ebene, oder die Einführung eines Berichtssystems auf der Organisationsebene" (Wiethof 2012, S. 27).

7.5.2. Nicht-technische Fähigkeiten als Unfallursache

Aus der Erkenntnis heraus, dass menschliche Fehler sich nicht vermeiden lassen, widmen sich Flin, O'Connor und Crichton (2008) den nicht-technischen Fähigkeiten (*non-technical skills*). Dabei benennen sie sieben Basis-Fähigkeiten (*basic non-technical skills*) (Tabelle 9) und erklären ihre essentielle Bedeutung für ein sicheres und effizientes Arbeiten sowie Identifikations-, Trainings- und Evaluierungsmethoden.

1.	Situationsbewusstsein (situation awareness)
2.	Entscheidungsfindung (decision-making)
3.	Kommunikation (communication)
4.	Teamarbeit (teamwork)
5.	Führung (leadership)
6.	Umgang mit Stress (managing stress)
7.	Umgang mit Müdigkeit (coping with fatigue)

Tabelle 9: Seven Basic non-technical skills nach Flin et al. (2008) (eigene Darstellung)

Obgleich das Hintergrundmaterial, mit dem die Autoren arbeiten, vorwiegend aus der Luftfahrt stammt, wird betont, dass die nicht-technischen Fähigkeiten auch in anderen Sektoren der kritischen Infrastrukturen (Industrie, Gesundheit, Militär und Notdienste) entscheidend für die Aufgabenbewältigung sind. (vgl. Flin et al. 2008). In einem Vortrag zur Rolle der *non-technical skills* bei der 1st Nordic Patient Safety Conference 2010 an der University of Aberdeen definiert Flin kurz und präzise:

> „Non-technical skills are the cognitive and social skills that complement technical skills, and contribute to safe and efficient task performance" (Flin 2010).

Als nicht-technische Fähigkeiten werden dementsprechend kognitive und soziale Fähigkeiten und Fertigkeiten bezeichnet, die über das reine Beherrschen der Technik hinausgehen. Sie beziehen sich auf die psychologischen Bedingungen individueller Leistungsfähigkeit sowie der Gestaltung von Gruppenprozessen, um die Aufgabenerfüllung sicher und effizient zu ermöglichen. (vgl. Strohschneider 2012, S. 317). Anhand diverser Unfallanalysen belegen Flin, O'Connor und Crichton (2008), dass kausale Zusammenhänge zwischen den menschlichen Faktoren, insbesondere der sieben benannten nicht-technischen Fähigkeiten, und der Entstehung der Schadensereignisse bestehen. Im Folgenden werden ausgewählte Beispiele zu Schadensereignissen aus Sektoren der Kritischen Infrastrukturen dargestellt, die im Fokus der Öffentlichkeit sowie der medialen Betrachtung standen und bei denen nicht-technischen Fähigkeiten ursächlich für die Art und Weise der ereigneten Unfälle waren.

- **Kernenergie (Kernschmelze Tschernobyl 1986)**

Die Katastrophe von Tschernobyl 1986 gilt als eine der schwersten menschengemachten Umweltkatastrophen und bewirkte einen Perspektivenwechsel in der Betrachtung von sicherheitskritischen Ereignissen. Weg von rein technischen Sicherheitsdebatten erfolgte eine deutlichere Betonung der Rolle des Menschen in soziotechnischen Systemen. Die Rekonstruktion des Unfalls verdeutlichte, dass die Kausalkette, die zur Explosion des Reaktors führte, durch alle Beteiligten an verschiedenen Stellen hätte unterbrochen werden können. Zurückzuführen war dies auf eine Reihe menschlicher Faktoren kognitiver, motivationaler, sozialer und organisationaler/kultureller Art (vgl. Hofinger et al. 2006). Mit Blick auf die sieben nicht-technischen Faktoren zeigten sich insbesondere Folgende als ursächlich für den Unfallverlauf:

- **Umgang mit Müdigkeit**

„Die Ingenieure fühlten sich kompetent, beachteten aber die Bedingung ‚Müdigkeit' nicht" (Hofinger 2006, S. 34).

- **Führung**

„Viel eindrücklicher als die Konsequenzen eines instabilen Reaktors kann man sich vorstellen, was passiert, wenn man sich gegen die Anordnung eines ranghöheren Ingenieurs stellt" (Hofinger 2006, S. 35).

- **Situationsbewusstsein, Entscheidungsfindung**

„Es entwickelt sich ein inneres Modell der Realität, das sich von den tatsächlichen Gegebenheiten immer weiter entfernt" (Hofinger 2006, S. 37).

„Sie handelten riskanter anstatt vorsichtiger in einer Situation, in der bereits verbotene Zustände vorlagen" (Hofinger 2006, S. 39).

Zudem führte die Katastrophe von Tschernobyl zur Prägung des Begriffs Sicherheitskultur durch die INSAG (vgl. Kap. 5.2.2), da „die verfügbaren Begriffe wie Risikoabschätzung, Gefahrenbewusstsein, Bedienungsfehler oder menschliches Versagen (…) nicht aus(reichten), um die Unfallursachen adäquat zu erklären." (Rauer 2011, S. 69).

- **Luftfahrt (Flugzeugabsturz bei Kegworth 1989)**

Der Absturz der Boing Britisch Midland 737 bei Kegworth, Großbritannien, im Jahre 1989 weist mehrere Faktoren auf, die ursächlich für den Ablauf des Unfalls waren. Kurz nach dem Start des Flugzeugs vom Londoner Flughafen Heathrow traten Vibrationen und Geräusche auf, woraufhin die Crew sich zum Abschalten des rechten Triebwerks entschloss. Tatsächlich gingen die Vibrationen vom linken Triebwerk aus, welches im weiteren Verlauf gänzlich versagte und zum Absturz der Boeing führte. 79 der 126 Passagiere sowie die acht Besatzungsmitglieder überlebten das Unglück. Es zeigte sich bei der Unfallanalyse, dass der Kopilot unsicher war und trotz anderslautender Triebwerksanzeigen, sich auf das rechte Triebwerk festlegte und dies ohne weitere Erörterung dem Kapitän mitteilte. Grundlegend war ein gestörtes Autoritätsgefälle zwischen dem Kapitän und dem Kopiloten, das negative Auswirkungen auf die gemeinsame Kommunikation, das Situationsbewusstsein und die Entscheidungsfindung hatte (vgl. Brozeit 2002, S. 5ff.).

- **Situationsbewusstsein, Entscheidungsfindung, Kommunikation**

„Ein Kapitän, der in seinem Kopiloten nur einen unfähigen oder unwilligen Untergebenen sieht, stört die gemeinsame Kommunikation und Entscheidungsfindung in gleicher Weise wie ein Kopilot, der seine eigenen Fähigkeiten zu gering einschätzt." (Brozeit 2002, S. 5).

- **Gesundheitswesen (Tod des Patienten Jowett 2001)**

Der Tod des Patienten Wayne Jowett im Jahre 2001 im Queen's Medical Centre in Notthingham, Großbritannien, der sich zur chemotherapeutischen Behandlung im Klinikum befand, wurde herbeigeführt durch eine fälschlicherweise verabreichte Injektion eines toxischen Medikaments in die Wirbelsäule. Im gesamten Geschehensablauf zeigten sich Kommunikationsprobleme zwischen den Mitarbeitern. Diese begannen bereits bei der Bestellung der Medikamente und endeten in der fehlerhaften Kommunikation bei der falschen Injektion. Zudem waren auch die Fähigkeiten des Situationsbewusstseins und der Entscheidungsfindung entscheidend für den tragischen Verlauf des Ereignisses (vgl. Toft 2011).

7.6. Zusammenfassung

Diese drei Beispiele verdeutlichen die Auswirkungen der nicht-technischen Faktoren auf das menschliche Verhalten im Arbeitsalltag. So tragen mangelhafte nicht-technische Fähigkeiten (*poor non-technical skills*) entscheidend zur Erhöhung der Eintrittswahrscheinlichkeit eines unerwünschten Ereignisses bei, während wiederum durch gute nicht-technische Fähigkeiten (*good non-technical skills*) sicherheitskritische Ereignisse verhindert werden können (Abbildung 13). Das IRS, das im folgenden Kapitel betrachtet wird, gilt als eines der besten Instrumente, um relevante Daten über kritisches Verhalten zu erlangen. So dient das IRS in einem der sichersten Sektoren der Kritischen Infrastrukturen, der Luftfahrt, als eine Hauptinformationsquelle für die Entwicklung von Human-Factors-Trainings (vgl. Flin et al. 2002, S. 419).

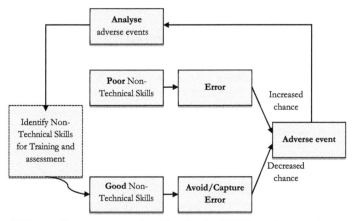

Abbildung 13: Zusammenhang zwischen nicht-technischen Fähigkeiten und unerwünschten Ereignissen (eigene Darstellung; vgl. Flin et al. 2008)

8. Das Incident Reporting System

Das IRS stellt ein Instrument für die Erfassung von sicherheitsrelevanten Ereignissen ohne Schadenseintritt für Mensch und Umwelt dar. Der Fokus ist darauf gerichtet, Informationen über sicherheitskritische Ereignisse zu generieren und zu analysieren noch bevor ein schädigendes Ereignis eingetreten ist. Sicherheitsrelevant ist insofern jedes Ereignis, dass Mensch, Maschine oder Organisation tatsächlich gefährdet hat oder unter Umständen hätte gefährden können. Die verwendete Terminologie innerhalb des IR in Literatur und Praxis ist bis heute uneinheitlich, teilweise widersprüchlich und irritierend. Im englischen Sprachraum, aus dem die meisten Untersuchungen zur Sicherheits- und Fehlerforschung sowie zum IR stammen, wird zumeist der Ausdruck *adverse event* (unerwünschtes Ereignis) benutzt, der auch in dieser Arbeit verwendet wird.

Daneben finden sich noch Termini wie *error* (Fehlverhalten) und *mistake* (Fehler), auch *critical incident* (kritischer Zwischenfall) und *near miss* (Missgeschick, Beinahe-Ereignis oder -Unfall) sowie *slip* (Versehen, Patzer) und *laps* (Schnitzer, Ausrutscher). Die systembezogene Erfassung ist Voraussetzung für eine systematische Aufarbeitung aus der wiederum präventive Maßnahmen zur Vermeidung von Fehlern und kritischen Ereignissen abgeleitet werden können. Daher folgt der Erfassung (Incident Reporting) die Analyse (Incident Analyse) der Ereignisse als integraler Prozess des IRS. Durch effektive IRS können so Einblicke in sicherheitsgefährdende Bedingungen und Handlungen erlangt werden, die sonst nicht zugänglich wären (vgl. Rall et al. 2006; van Vegten 2008; Nerdinger et al. 2011, S. 471ff.).

8.1. Ursprung des Incident Reporting System

Die Methode des Incident Reporting basiert auf der sogenannten Critical Incident Technique (CIT), einem aus der Verhaltenspsychologie stammenden Verfahren. An der Entwicklung war der Psychologe John C. Flanagan maßgeblich beteiligt, der während des zweiten Weltkriegs für die U.S. Air Force tätig war. In seinem Beitrag in der Psychological Bulletin (1954) beschreibt er das Prinzip folgendermaßen:

> „The critical incident technique consists of a set of procedures for collecting direct observations of human behaviour in such a way as

to facilitate their potential usefulness in solving practical problems and developing broad psychological principles" (S. 327).

Bei der CIT handelt es sich somit um eine teilstrukturierte Methode, bei dem Berichte über bestimmte Verhaltensweisen in einem vorgegebenen Beobachtungskontext gesammelt werden. Diese werden analysiert und als erfolgreich oder nicht erfolgreich hinsichtlich eines bestimmten Ziels klassifiziert. Aus der Analyse dieser positiven und negativen Abweichungen werden dann konkrete Verbesserungsvorschläge abgeleitet.

> „The collection and tabulation of these observations make it possible to formulate the critical requirements of an activity. A list of critical behaviors provides a sound basis for making inferences as to requirements in terms of aptitudes, training, and other characteristics" (Flanagan 1954, S. 356).

Ziel der CIT ist somit, Arbeitsumgebungen zu erforschen und zu optimieren, indem sicherheitsrelevante Problemstellen identifiziert werden. Nach dem Zweiten Weltkrieg wurde diese Methodik neben der amerikanischen Luftwaffe auch in der zivilen Luftfahrt eingesetzt, um auch hier sicherheitsrelevante Problemstellen zu aufzudecken (vgl. Wiethof 2012, S. 37).

8.2. IRS Anwendungsbereiche

8.2.1. Incident Reporting Systeme in der Luftfahrt

In der militärischen als auch zivilen Luftfahrt wurde früh erkannt, dass die systematische Aufarbeitung von Fehlern und kritischen Ereignissen wertvolle Hinweise auf Sicherheitslücken in den jeweiligen Systemen liefern kann. Aufbauend auf den Arbeiten von Flanagan wurden verschiedene Reporting-Systeme ins Leben gerufen. Ein bekanntes Berichtssystem ist das „Aviation Safety Reporting System" (ASRS) der Federal Aviation Administration in den USA, das in Zusammenarbeit mit der NASA entwickelt wurde. Es richtet sich an Piloten, Bord- und Bodenpersonal, Mechaniker und alle anderen in der Luftfahrt beteiligten Personen. Diese haben die Möglichkeit, tatsächlich oder potenziell gefährliche Situationen internetbasiert oder in Papierform an das ASRS zu übermitteln.

Charakteristisch für das IRS sind die Anonymität des Berichtenden und die Sanktionsfreiheit, wenn unerwünschte Zwischenfälle eingegeben werden. Ausgeschlossen ist das Berichten über tatsächliche Unfälle.

Die Ergebnisse bilden die Datenbasis für die Konzeption von neuen Richtlinien in der Luftfahrt. Zudem dienen die Analysen der geschilderten Ereignisse neben dem Aufzeigen von Problemen und Schwachstellen in den Flugsicherheitssystemen und Sicherheitsprozeduren als Basis für Human Factors Trainings und tragen somit zur kontinuierlichen Verbesserung bei (vgl. Thomeczek et al. 2007, S. 169ff.). Gerade diese Verbindung des Incident Reporting mit Human Factors Training ergibt großes Potenzial, da die Informationen aus dem Reporting System die Grundlage für die Auswahl relevanter Fälle des Trainings darstellt. Das Ineinandergreifen von unterschiedlichen Instrumenten ist die Basis für die relativ hohe Sicherheit und damit einhergehend gelebte Sicherheitskultur in diesem Bereich der kritischen Infrastrukturen (vgl. Dieckmann/Rall 2012; Wiedemann/Badke-Schaub 2012).

Seit der Inbetriebnahme im Jahre 1975 wurden über eine Million Zwischenfälle gemeldet (vgl. ASRS 2012). Weitere Länder folgten diesem Modell. Großbritannien nahm 1982 das Confidential Human Factors Incident Reporting Programme (CHIRP) für die Luftfahrt sowie 2003 ein weiteres für die Seefahrt in Betrieb (vgl. CHIRP 2012). Auch auf europäischer Ebene ist man sich im Bereich der zivilen Luftfahrt über den Nutzen des Berichtens von sicherheitsrelevanten Ereignissen bewusst. Nach einer Entscheidung der Europäischen Zivil-Luftfahrt-Konferenz (ECAC) folgte die Etablierung eines freiwilligen Berichtssystems durch Eurocontrol, der Europäischen Organisation für Flugsicherung. Das Eurocontrol Voluntary ATM Incident Reporting (EVAIR) beinhaltet die Meldung von Beinahe-Unfällen und kritischen Ereignissen, unterteilt die Vorfälle in unterschiedliche Risikoklassen und führt sie einer späteren statistischen Auswertung zu (vgl. Eurocontrol 2012).

8.2.2. Incident Reporting Systeme in der Kernenergie

Um den internationalen Austausch von Betriebserfahrungen zu erleichtern wurde 1980 das IRS von der Internationalen Atomenergie-Organisation (IAEO) und der Nuclear Energy Agency (NEA) ins Leben gerufen. Kern des IRS ist eine gemeinsam betriebene Datenbank, in der Ereignisse und Störfälle gesammelt und ausgewertet werden, die relevant für die Sicherheit des Betriebs waren und auch bedeutend für andere Kernkraftwerke sein könnten. Neben der detaillierten Beschreibung des Ereignisses sowie der Nennung der betroffenen Anlage erfolgt eine Bewertung hinsichtlich der sicherheitstechnischen Gewichtung des Ereignisses. Zudem werden die Ursachen für das Ereignis dargelegt. Entscheidet der IRS-Koordinator, dass ein Bericht aufgrund seiner sicherheitstechnischen Bedeutung in die IRS-Datenbank eingestellt wird, werden die teilnehmenden Staaten via E-Mail informiert. Für Deutschland wird diese Aufgabe im Auftrag des Bundesministeriums für Umwelt, Naturschutz und Reaktorsicherheit (BMU) von der Gesellschaft für Anlagen- und Reaktorsicherheit (GRS) wahrgenommen. Alle 31 Länder, die aktive Nuklearprogramme bzw. Kernkraftwerke betreiben, beteiligen sich am IRS. Derzeit sind in dieser Datenbank über 3.400 Berichte über Ereignisse gespeichert, die jährlich um weitere 80 neue Berichte ergänzt werden (vgl. IAEA 2008; GRS 2013).

Auch organisationsintern sind die großen Energieversorger in Deutschland zunehmend bemüht, Incident Reporting Systeme zu etablieren, um aus Zwischenfällen zu lernen. Aufgrund der Sensibilität dieser kritischen Infrastruktur sind Datenbefunde oder etwaige Experteninterviews nicht zu erlangen. Jedoch ist dem Corporate Responsibility Report der E.ON AG zu entnehmen, dass die Entwicklung und Einführung eines zentralen Berichtssystems für Zwischenfälle (Verletzungen, Beinahe-Unfälle und gesundheitsgefährdende Vorkommnisse) seit 2007 als klare und langfristige Zielsetzung für den gesamten Konzern angesehen wird (vgl. EON 2008, 2011). Auch der Personalbericht der RWE AG aus dem Jahre 2011 erwähnt, dass neben tatsächlichen Unfällen auch sogenannte „Beinahe-Unfälle" detailliert analysiert und bewertet werden, um adäquate Präventivmaßnahmen einleiten zu können (vgl. RWE 2012).

8.2.3. Incident Reporting Systeme im Gesundheitswesen

Das IRS – im Gesundheitswesen auch als Fehlermeldesystem, Zwischenfallberichtssystem oder Critical Incident Reporting System (CIRS) bezeichnet – erfährt in den letzten Jahren zunehmende Beliebtheit. Weg von der traditionell verankerten „Culture of Blame" weisen die World Health Organization (WHO 2005; 2009) und – auf nationaler Ebene – das Aktionsbündnis Patientensicherheit (2007) auf die Dringlichkeit hin, IRS zur Erhöhung der Patientensicherheit einzuführen (vgl. Rall et al. 2006). Entwürfe zu Leitlinien und Praxistipps für Incident Reporting Systeme stellen beide

Organisationen frei im Internet zur Verfügung. Ein weiterer Anreizpunkt zur Implementierung von (C)IRS ist die Entwicklung im deutschen Arzthaftpflichtbereich, die einen Anstieg von gemeldeten Fällen zu verzeichnen hatte. Dies ist zwar auf multikausale Zusammenhänge zurückzuführen (Erwartungserhaltung der Patienten, sinkende Hemmschwelle des Patienten, den Klageweg zu beschreiten etc.), ließen aber in den letzten Jahren die Erkenntnis erwachsen, dass IRS einen spezifischen und notwendigen Beitrag zum Sicherheits- bzw. Risikomanagement leisten und das systematische Lernen aus Fehlern sowie die Sicherheitskultur fördern können (vgl. Köbberling 2004).

Noch am Anfang des Jahrtausends waren Berichtssysteme dieser Art im Gesundheitswesen beinahe unbekannt. Seitdem haben sich Incident Reporting Systeme in verschiedenen Institutionen des Gesundheitswesens etabliert und einen wertvollen Beitrag zur Sicherheitskultur und Organisations- und Prozessentwicklung geleistet, wie erste öffentlich zugängliche Datenbefunde belegen (vgl. Rose 2005, 2009).

8.3. Incident Reporting Analyse

Damit eine Organisation aus den gemeldeten Zwischenfällen (*incident reporting*) lernt bzw. Maßnahmen ableiten kann, genügt nicht nur die Erfassung von Daten. Es bedarf auch eines systematischen und strukturierten Ansatzes, der die Vielzahl von Faktoren, die zur Ereignisentstehung beitrugen, analysiert (*incident analyse*). Wird jedoch eine Vielzahl von Fällen gemeldet, kann grundsätzlich nicht mehr jeder Fall einer tiefgründigen Analyse unterzogen werden. Es muss ein entsprechendes Klassifikationsmodell entwickelt werden, sodass bei den eingehenden Meldungen eine Auswahl der zu analysierenden Fälle stattfindet.

Eine weit verbreitete Analysemethode ist die Fehler-Ursachen-Analyse (*Root Cause Analysis*), mit Ursprung in den Ingenieurswissenschaften, oder das darauf basierende von Taylor-Adams und Vincent entwickelte London-Protokoll *(Systems Analysis of Critical Incidents: The London Protocol)* (2004), für die Systemanalyse klinischer Zwischenfälle. Auf der Grundlage vom Modell der organisationalen Unfallentstehung (Kap. 7.2) erfolgt je nach Aufwand und Relevanz des Ereignisses eine strukturierte Ereignisanalyse (Tabelle 10). Die Grundidee liegt in der zunächst möglichst detaillierten Beschreibung des

Ereignisses, der Eingrenzung der potentiellen Problemquellen sowie der anschließenden systematischen Verfolgung der Ereignisentstehung. Um Ereignisse nach einer dieser Methoden zu analysieren, benötigt das Auswerteteam neben Zeit auch Human Factors-Kompetenzen (vgl. Taylor-Adams/Vincent 2007; Pierre et al. 2011, S. 264ff.; Dieckmann/Rall 2012, S. 243).

Root Cause Analysis/London Protocol	
1. Identifikation und Entscheidung zur Untersuchung	• relevant und geeignet für Analyse
2. Mitglieder des Untersuchungsteams auswählen	• verfügen über breit gefächerte Fähigkeiten • interprofessionell besetzt
3. Organisation und Datensammlung	• Sammlung aller relevanten Daten so rasch mit möglich nach dem Ereignis • Aussagen Beteiligter und Betroffener
4. Chronologischen Ablauf des Zwischenfalls ermitteln	• aus möglichst vielen Perspektiven darstellen • erst das „Was ist geschehen?" als das „Warum ist es geschehen?".
5. Fehlerhafte Vorgänge identifizieren	• alle Ebenen der Organisation einbeziehen • Betrachtung von Arbeitsaufgabe, Arbeitsumgebung, Kontext und beteiligte Personen
6. Fehlerbegünstigende Faktoren identifizieren	• zu den fehlerhaften Vorgängen assoziierte Bedingungen spezifizieren • bei vielen fehlerhaften Vorgängen selektieren und die mit der größten Relevanz auswählen
7. Empfehlungen ableiten und Maßnahmenplan entwickeln	• Maßnahmenplan erarbeiten, die die aufgedeckten Systemschwachstellen beheben (Priorisierung, Benennung von Verantwortlichkeiten, des Zeitrahmens, der Ressourcen, des Evaluierungstermins etc.)

Tabelle 10: Ablauf Root Cause Analysis/London Protocol nach Adams/Vincent (2007) (eigene Darstellung; vgl. Adams/Vincent 2007; Pierre et al. 2011)

8.4. Zusammenfassung

Das menschliche Handeln wird stets begleitet von Fehlern (unsicheren Handlungen). Die Betrachtung von unsicheren Handlungen aus einer systemischen Perspektive heraus zeigt, dass kausale Zusammenhänge zwischen unsicheren Handlungen, Zwischenfällen und Unfällen bestehen. So erwächst die Notwendigkeit, die Ursachen für Fehlhandlungen zu identifizieren. Sowohl das Modell der Dirty Dozen als auch die Untersuchungen zu den nicht-technischen Fähigkeiten zeigen fehlerverursachende menschliche Faktoren auf und verdeutlichen explizit deren Zusammenhang mit unerwünschten Ereignissen. Die Anforderungen an das menschliche Handeln dürfen jedoch nicht unabhängig vom organisatorischen und kulturellem Kontext betrachtet werden (vgl. Strohschneider 2012, S. 317f.). Durch die Gruppierung von individuellen, kollektiven und organisationalen Dimensionen können Informationen über sicherheitskritisches Verhalten im Sinne des soziotechnischen Systemansatzes klassifiziert und gezielt Maßnahmen abgeleitet werden. IRS und darauf aufbauende Analyseverfahren können durch die Möglichkeit, die dafür notwendigen Informationen über menschlichen Fehlhandlungen und unerwünschte Ereignisse zu generieren, einen bedeutenden Beitrag leisten, wie Erkenntnisse und Untersuchungen in den Sektoren, in denen sie zur Anwendung kommen, zeigen.

9. Rahmenbedingungen und Grundsätze des IRS

Um das IRS erfolgreich anzuwenden, sind bestimmte Rahmenbedingungen in der Organisation notwendig und Gestaltungsansätze bei der Umsetzung zu beachten.

9.1. Fehlerkultur

"Failure is just part of the culture of innovation. Accept it and become stronger" (Albert Yu, ehemaliger Vize-Präsident bei Intel in: Dillon 1998).

Die Fehlerkultur ist eine zentrale Komponente für das Betreiben von Incident Reporting Systemen und für eine konstruktive Sicherheitskultur. Im Gegensatz zur Schuldkultur, zeichnen sich Organisationen mit einer gelebten Fehlerkultur durch eine systemische Sicht auf Fehler aus. Eine Fehlerkultur ist eine Lernkultur, da Fehler als Lernchancen wahrgenommen werden und es selbstverständlich ist, dass sanktionsfrei über sie berichtet werden kann (vgl. Kap.5.4.).

Besonders im medizinischen Sektor ist bis heute der Personenansatz weit verbreitet, so dass Ärzte und Pflegepersonal, wenn ihnen Fehler unterlaufen, persönlich beschuldigt werden (vgl. Thomeczek et al. 2007, S. 169). Diese personenbezogene Perspektive lässt jedoch außer Acht, dass Fehlhandlungen Einzelner häufig durch weitere latente Bedingungen bedingt sind und die eine aktive Fehlhandlung am „scharfen Ende" Auslöser des unerwünschten Ereignisses ist (vgl. Kap. 7.2). Wenn Fehler als Versagen eines Einzelnen betrachtet und geahndet werden, kann sich keine Bereitwilligkeit entwickeln, darüber offen zu sprechen bzw. zu berichten. Wenn aus Angst vor negativen Konsequenzen Fehler ohne Schadenseintritt oder ähnliche Abweichungen nicht gemeldet werden, können sie nicht als Lernchance dienen. Daher erfordert eine Fehlerkultur neben der Voraussetzung, ohne Sanktionen über Fehler berichten zu können, eine Vertrauens- und Kommunikationskultur (vgl. Staender 2001; Pfaff et al. 2005; Abed-Navandi 2009). Die Vertrauensbildung ist ein aktiver und währender Prozess, der in Wechselwirkung zu einer offenen Kommunikationskultur steht (Abbildung 14).

Diese wiederum ist gegeben, „wenn es in einer Gruppe oder Organisation möglich und erwünscht ist, mit Problemen offen umzugehen, konstruktive Kritik zu äußern und die Meinungen aller Mitglieder in die Entscheidungen einzubeziehen" (vgl. Pfaff et al. 2005, S. 40). Das Sozialkapital, welches gewissermaßen die Basis für die Vertrauens- und Kommunikationskultur bildet, ist der dritte zu beachtende Faktor. Dieser Begriff entstammt den Sozialwissenschaften und weist eine Vielzahl von Definitionen auf. Im Kern wird unter Sozialkapital die Struktur der Beziehungen zwischen den Menschen der Organisation verstanden, welche durch Führung, soziale Beziehungen, gemeinsame Werte und Regeln sowie Überzeugungen geprägt wird (vgl. Badura et al. 2008).

Abbildung 14: Das Fehlerkultur-Modell (eigene Darstellung; vgl. Pfaff et al. 2005)

Eine gelebte Fehlerkultur bedeutet keineswegs, dass der einzelne Mitarbeiter von der Verantwortung seines Handelns entbunden wird. Sie fordert aber eine systemorientierte Sichtweise auf unerwünschte Ereignisse und ist Voraussetzung für die erfolgreiche Implementierung und Nutzung des IRS. Daher spiegeln sich die Rahmenbedingungen der Fehlerkultur in den Grundsätzen des IRS wider (vgl. Kap. 9.2).

- **Fehlerkultur in deutschen Unternehmen**

Eine Studie aus dem Jahr 2012 zur Fehlerkultur in deutschen Unternehmen gibt einen interessanten Einblick. Von den befragten Führungskräften gab die

Mehrheit an, dass in ihrem Unternehmen Fehler als Teil des normalen Arbeitsalltags gesehen werden. Werden durch die Führungskräfte Fehlhandlungen bei den Mitarbeitern entdeckt, werden diese zumeist diskret unter vier Augen und weniger in offener Runde angesprochen. Im umgekehrten Fall bevorzugen Mitarbeiter mehrheitlich das vertrauliche Gespräch, wenn sie den Vorgesetzten auf Fehler hinweisen möchten. Junge Führungskräfte scheuen sich oftmals davor, Fehler der Vorgesetzten anzusprechen und befürworten, wenn sie es denn tun, das vertrauliche Gespräch. Mit zunehmendem Alter der Mitarbeiter sinkt diese Einstellung und Fehler werden eher angesprochen, was zumeist auf die Festigung der eigenen Position zurückzuführen ist.

Die Studie kommt zu der Erkenntnis, dass das Wissen über das alltägliche Auftreten von Fehlern bei den befragten Führungskräften überwiegend vorhanden ist, der konkrete Umgang mit Fehlern jedoch weiterhin von Scham geprägt ist oder Fehler ganz verschwiegen werden (vgl. Hagen/Lei 2012).

9.2. Grundsätze bei der Gestaltung

„Der Faktor ‚Mensch' ist wesentlicher Bestandteil aller Veränderungsprozesse und gleichermaßen der kritische Erfolgsfaktor" (Vollrath 1999, S.30).

In den Grundsätzen zur Gestaltung des IRS herrscht weitestgehend Einigkeit in der internationalen Literatur. Dies ist dem Umstand geschuldet, dass das IRS sein Ursprung in der Luftfahrt hat und die dortigen bewährten Gestaltungsansätze als Vorbild und Orientierung für andere Sektoren kritischer Infrastrukturen, wie z.b. dem Gesundheitswesen, dienen (vgl. Kap. 8.1 und Kap. 8.2.3).

Mittels IRS sollen Ereignisse erfasst werden, die für die Organisation (anders als bei Unfallberichten) bisher nicht sichtbar waren und Außenstehenden zumeist unbekannt blieben. Incident Reporting Systeme bedürfen daher der Meldebereitschaft der Mitarbeiter. Es muss von allen Beteiligten als ein Projekt des gemeinsamen Lernens verstanden werden. Eine wesentliche Voraussetzung hierfür ist das authentische und fortwährende Engagement der Organisationsleitung und des Topmanagements. Sie haben dafür Sorge zu tragen, dass allen Betroffenen der Zweck des Berichtssystems und seine Bedeutung als Führungs- und Steuerungsinstrument im Kontext eines etablierten Sicherheits- bzw. Risikomanagements aufgezeigt werden. Mittels einer Auftaktveranstaltung sollte bereits zu Beginn das IRS bekannt gemacht sowie Sinn und Nutzen erklärt werden. Das IRS erfordert zudem neben dem Bereitstellen von Ressourcen für die Implementierung und Aufrechterhaltung, auch das Gewähren der notwendigen Meldezeit und die Weiterbildung der IRS-Verantwortlichen (vgl. Hofinger et al. 2008; Hofinger 2010). Neben diesen Rahmenbedingungen müssen weitere Parameter vor der Implementierung eines IRS beachtet werden, die auf die Wirkungsweise des Systems abzielen, die Folgenden dargestellt werden.

- **Internes und externes IRS**

Ein Berichtssystem kann innerhalb einer Organisation (lokal) als auch institutionsübergreifend betrieben werden, wobei beide Arten spezifische Vorteile aufweisen. Bei einem internen System läuft der Prozess eines IRS innerhalb der Organisation ab, wodurch das interne Analyseteam die spezifischen Umstände kennt und diese in der Entwicklung der Verbesserungsvorschläge berücksichtigt. Zudem können die Mitarbeiter an der Entwicklung dieser beteiligt werden und mitwirken, wodurch zusätzlich positiver Einfluss auf die Fehler- und Sicherheitskultur ausgeübt wird.

Bei externen Systemen können sich die Analysten ausschließlich auf die eingehende Meldung beziehen, was meist allgemeine Verbesserungsvorschläge nach sich zieht, die einer individuellen Anpassung bedürfen. Ein Vorteil jedoch ist, dass durch externes Berichten eine größere Zielgruppe erreicht wird, die es den Institutionen ermöglicht voneinander zu lernen (vgl. IRS in der Kernenergie, Kap. 8.2.2). Zudem bieten externe Systeme den Organisationen die Möglichkeit an einem IRS teilzuhaben, die nicht die notwendigen Ressourcen aufbringen können, z.B. kleinen Arztpraxen im ambulanten Sektor des Gesundheitswesens (vgl. Thomeczek et al. 2007; van Vegten 2008).

- **Definition, der Meldeereignisse**

Auch ein IRS kommt ohne Definitionen, die bestimmen, welche Meldungen berichtet werden sollen, nicht aus. Dies muss allen Mitarbeitern kommuniziert werden. Bei lokalen IRS im Gesundheitswesen werden zumeist aus rechtlichen Gründen ausschließlich Ereignisse ohne Schaden in das IRS aufgenommen. Hier dient die Definition der meldewürdigen Ereignisse zum einen als

Orientierung für den Meldenden, zum anderen zeigen sie die notwendige Abgrenzung zu tatsächlichen Schadensereignissen auf, die auf anderen Wegen bearbeitet werden müssen und möglicherweise haftungsrechtliche Ansprüche beinhalten (vgl. Thomeczek et al. 2007).

- **Rückmelden in die Organisation**

Die kontinuierliche Rückmeldung an die Belegschaft der Organisation ist zentral für den langfristigen Erfolg des IRS, da sie den Berichtenden zeigt, dass aus den Meldungen Maßnahmen bzw. Verbesserungen resultieren. Zudem können die Rückmeldungen bisher nicht beteiligte Mitarbeiter motivieren, ebenfalls zu berichten. Bereits im Vorfeld sollte daher überlegt werden, wie das Feedback erteilt wird, um eine größtmögliche Zahl der Mitarbeiter zu erreichen (vgl. Staender 2001, S. 483; Hofinger 2010, S. 93).

9.3. Charakteristika erfolgreicher IRS

Bei der konkreten Gestaltung des IRS haben sich folgende Elemente als wesentlich für den Erfolg eines IRS herauskristallisiert (vgl. Rall et al. 2006, Thomeczek et al. 2007; van Vegten 2008; Sethe 2011, S. 203).

Charakteristika von erfolgreichen IRS	
Eigenschaft	**Erklärung**
Sanktionsfreiheit (Non-Punitivität)	• keinerlei arbeitsrechtliche Sanktionen für Berichtende (hebt die strafrechtliche Verantwortung der Handelnden nicht auf)
Anonymität	• personenbezogene Daten werden vor Weiterbearbeitung bzw. Weiterleitung anonymisiert und nicht gespeichert
Vertraulichkeit	• keine Weitergabe personenbezogener Daten an Dritte
Freiwilligkeit	• freiwillige Abgabe eines Berichts (im Unterschied zur vorgeschriebenen Unfallmeldung)
Unabhängig	• unabhängig von jeglicher Autorität, die den Berichtenden oder den Nutzer bestrafen könnte
Analyse durch Experten	• Auswertung durch (interdisziplinäre) Experten in Fehleranalysen (Human Factors), die die Organisation kennen • bei Bedarf nachgeschaltete Analysen (vgl. Kap. 8.3)
Zeitnahe Rückmeldung und Umsetzung	• schnelle Analyse der Berichte und zügige Umsetzung der abgeleiteten Empfehlungen • Veröffentlichung der Berichte und Maßnahmen an alle Mitarbeiter erhöht die Meldebereitschaft
Systemorientiert	• Empfehlungen fokussieren auf Veränderungen von Systemen, Prozessen oder Produkten (nicht auf individuelle Performance)
Einfachheit	• Berichtssystem für alle relevanten Personengruppen zugänglich • Benutzerfreundlichkeit des Berichtsformulars
Freitextbasiert	• Berichtsformular basiert vor allem auf Freitextfelder (Schwerpunkt der Informationen)
Evaluierung der Maßnahmen	• Überwachung der Verbesserung auf Effektivität

Tabelle 11: Charakteristika erfolgreicher IRS (eigene Darstellung)

59

9.4. Grenzen des IRS

Das reine Bereitstellen von IRS hat noch keinen Einfluss auf die Sicherheit, die Sicherheitskultur und das organisatorische Lernen. Erst wenn das Berichtssystem eine adäquate Anzahl von Berichten liefert, aus der systemorientierte Analysen und sinnvolle Verbesserungsmaßnahmen resultieren, kann eine positive Beeinflussung der Sicherheitskultur erfolgen (vgl. Kap. 5.4.) und organisationales Lernen einsetzen (vgl. Kap. 6.2.). Ein Problem aller Berichtssysteme ist das sogenannte „Under-Reporting", d.h. es wird nur ein Bruchteil aller Fehler gemeldet, was oft in einer mangelnden Fehlerkultur begründet liegt. Aus diesem Grund eignen sich diese Systeme nicht, um umfassende Aussagen zur Ursachenentstehung und Häufigkeit von sicherheitsrelevanten Ereignissen zu treffen. Letztlich werden selbst in einer gelebten Fehlerkultur nur die Ereignisse erfasst, die tatsächlich bemerkt und dann gemeldet werden. Eine quantitative Auswertung der IRS-Meldungen, die das Zählen und Kategorisieren von Fehlern und Ereignissen beinhaltet, ist daher nicht sinnvoll. Allerdings ist für das organisationale Lernen weniger die Anzahl als die Qualität der Meldungen entscheidend (vgl. Thomeczek et al. 2007, S. 175; Hofinger 2010, S. 92).

9.5. Incident Reporting Systeme und Whistleblowing

Zum Ende des theoretischen Teils dieser Arbeit erfolgen der Vollständigkeit halber an dieser Stelle Ausführungen zum Incident Reporting als besondere Form des Whistleblowing.

„Von Whistleblowing spricht man (...), wenn folgende Kriterien erfüllt sind:
1. Ein ehemaliges oder aktuelles Mitglied einer Organisation hat...
2. Kenntnis von illegalen, unmoralischen oder illegitimen Verhaltensweisen, die im Verantwortungsbereich der Organisation liegen, und...
3. deckt diese Missstände gegenüber Personen oder Organisationen, die Handlungsmöglichkeiten besitzen, auf." (Donato 2009, S. 11)

Mittels Whistleblowing werden demnach Missstände und Risiken, beispielsweise wirtschaftskriminelle Handlungen, innerhalb der Organisation durch einen Mitarbeiter (Whistleblower) erkannt und gemeldet.

Incident Reporting Systeme können nicht nur technische oder organisatorische Fehler aufdecken, sondern neben unabsichtliches auch beabsichtigtes Fehlverhalten von Mitarbeitern. Somit können Incident Reporting Systeme ein geeignetes Instrument zum internen Whistleblowing darstellen, um nicht regelgerechtes Verhalten von Mitarbeitern zu erfassen. In der Praxis zeigen sich dahingehend jedoch einige Hürden. Eine Meldung von derartigen Verstößen bedeutet, dass eine Erhebung, Übermittlung und Speicherung von personenbezogenen Daten erfolgt.

Wie in den Charakteristika von IRS aufgezeigt, funktioniert das System nur, wenn es anonym, vertraulich und sanktionsfrei betrieben wird (vgl. Kap. 9). IRS, die mit anonymen Meldungen arbeiten, mindern effektiv die Angst vor Sanktionen, lassen aber keine Rückfragen zum Sachverhalt an den Meldenden zu. Ein nicht anonymes IRS, bei dem eine Person für das System verantwortlich und zu strenger Vertraulichkeit verpflichtet ist, ist in solchen Fällen im Vorteil. Um Vertraulichkeit und Sanktionsfreiheit sicherzustellen muss einiges beachtet werden. Die in einem Reporting System gespeicherten Daten können in einem Strafverfahren sowie in zivil- oder arbeitsrechtlichen Verfahren als Beweismittel herangezogen werden. Nur wenn die Meldung von den IRS-Verantwortlichen rechtzeitig anonymisiert wurde, kann sie keiner Person mehr zugeordnet werden und schützt diese so vor Sanktionierung. Auch der Schutz der beschuldigten Person muss bedacht werden, in dem ihr beispielsweise die Möglichkeit zur Stellungnahme des Vorwurfs gegeben wird, dessen Ursprung sie nicht kennt (vgl. Sethe 2011, S. 204ff.).

Im Ergebnis kann ein IRS auch für das Whistleblowing geeignet sein. Dies erfordert eine rechtzeitige Abstimmung mit allen Beteiligten, eine entsprechende Festsetzung der Charakteristika des IRS und darüber hinaus die Kommunikation des verfolgten Zwecks des Berichtssystems an alle Mitarbeiter.

10. Empirische Untersuchung

10.1. Zielsetzung

Zielsetzung dieser Arbeit ist es herauszufinden, welchen Beitrag ein Incident Reporting System zum organisationalen Lernen und zur Erhöhung der Sicherheitskultur in kritischen Infrastrukturen leisten kann. Da das IRS insbesondere in drei Sektoren der kritischen Infrastrukturen (der Luftfahrt, der Kernenergie und dem Gesundheitswesen) etabliert ist, wurde angestrebt, Datenbefunde und Berichte aus mindestens einem dieser Sektoren zu erhalten. Diese Befunde und Erfahrungen über den Einsatz von IRS in der Praxis dienen der Validierung der theoretisch erworbenen Erkenntnisse aus der Literatur. Neben der Identifizierung erfolgskritischer Merkmale eines Incident Reporting Systems für eine praxisgerechte lernförderliche Systemgestaltung sollen notwendige organisationale Rahmenbedingungen, Lernpotenziale und Grenzen des Incident Reporting aufgezeigt und abgeglichen werden.

10.2. Auswahl der Untersuchungsmethoden

Im Hinblick auf das Forschungsinteresse stellte sich zunächst die Frage, wie verwertbare Datenbefunde, Erfahrungen und Erkenntnisse aus dem sensiblen Bereich der Sicherheit von Kritischen Infrastrukturen erlangt werden können. Nach einer ersten Recherche lag die Anwendung einer qualitativen Methode nahe, wobei sich die qualitativen Verfahren prinzipiell in drei Formen unterscheiden lassen. Im Rahmen der Praxisforschung kamen die qualitative Befragung sowie non-reaktive Verfahren als adäquate Methoden für die Datensammlung und Auswertung in Frage. Neben der non-reaktiven Erhebungsmethode, die Daten aus Statistiken und Dokumenten auswertet, wurde insbesondere die qualitative Befragung in Form eines strukturierten leitfadengestützten Experteninterview als geeignete Methode gewählt, um Informationen bezüglich des Forschungsinteresses zu erlangen.

10.3. Das leitfadengestützte Experteninterview

Das leitfadengestützte Interview ist stärker strukturiert als das narrative (erzählende) Interview, wobei das strukturierte schriftliche Frageschema als Orientierungshilfe und Gedächtnisstütze bei der Interviewführung dient. Die

Vorgabe einzelner Themengebiete grenzt das Interview thematisch ein und ermöglicht ein regelgeleitetes Vorgehen. Der Interviewer entscheidet im Verlauf des Interviews wann und in welcher Reihenfolge er die Fragen stellt. Durch die offene Gestaltung und Flexibilität wird das Leitfadeninterview der Forderung nach Offenheit qualitativer Forschung und der Komplexität des untersuchten Gegenstands gerecht. Zudem wird die Gefahr umgangen, dass wichtige Aspekte des Forschungsthemas übersehen werden oder als inkompetenter Gesprächspartner zu gelten (vgl. Stigler/Felbinger 2005, S. 129ff.). Das Experteninterview selbst ist eine spezielle Form des Leitfadeninterviews, in dem der Befragte, in seiner Eigenschaft als Experte für ein bestimmtes Handlungsfeld, im Mittelpunkt der qualitativen Forschungsarbeit steht. Der Experte wird als Repräsentant seiner Gruppe in die Untersuchung einbezogen und zeichnet sich durch klares, abrufbares Wissen auf einem abgegrenzten Gebiet aus (vgl. Mayer 2008, S. 37ff.).

10.3.1. Methodische Vorgehensweise

Bei der methodischen Vorgehensweise stellten sich einige Fragen bezüglich der Auswahl von Interviewpartnern, angelehnt an der Auswahlstrategie von Gläser und Laudel (2004):

- Wer verfügt über die relevanten Informationen?
- Wer ist am ehesten in der Lage, explizite Informationen herauszugeben?
- Wem ist es gestattet, Informationen preiszugeben?
- Welcher der möglichen Experten ist verfügbar? (vgl. Gläser/Laudel 2004, S. 113).

Als Instrument des Sicherheits-, Risiko- und Qualitätsmanagements ist das IRS vorwiegend vertreten in einigen Unternehmen der Luftfahrt, der Kernenergie und erfährt in den letzten Jahren einen ansteigenden Zulauf im Bereich des Gesundheitswesens. Daher wurde neben Sicherheitsmanagern von Energieversorgern und Qualitätsbeauftragten von Instituten des Gesundheitswesens auch ein Beratungsunternehmen kontaktiert, welches die Implementierung und Evaluierung von (Critical) Incident Reporting Systemen betreibt. Die Anfragen an die möglichen Interviewpartner wurden frühzeitig verfasst und enthielten neben der Information über das Vorhaben und die

Zielsetzung bereits entsprechende Hinweise auf notwendige Formalien wie etwa Geheimhaltungsvereinbarungen und Anonymisierungen.

Bei einem Großteil der Antwortschreiben oder telefonischen Rückrufen der Organisationen zeigte sich die immense Sensibilität und Relevanz des Forschungsthemas. So formulierte der Sicherheitsmanager eines großen Energieversorgers seine Absage mit der Begründung, dass die Herausgabe von entsprechenden Informationen einem Sicherheitsleck gleichkäme und daher unabhängig von dem Aufsetzen einer Geheimhaltungsvereinbarung nicht möglich sei. Bei einer anderen bereits bestätigten Zusage durch das Qualitätsmanagements eines Krankenhauses revidierte der Direktor des Instituts diese nach erneuter Prüfung. Bei einigen anderen Anfragen blieb eine Antwort vollständig aus. Anders hingegen zeigte sich ein Beratungsunternehmen, welches (Critical) Incident Reporting System in Einrichtungen des Gesundheitswesens implementiert und evaluiert. Hier konnte ein Termin für ein telefonisches Interview über 45 Minuten mit dem Geschäftsführer vereinbart werden.

10.3.2. Aufbau und Inhalt des Interviewleitfadens

- **Aufbau**

Die Konzeption des Interviewleitfadens orientiert sich an den Regeln für die Durchführung von leitfadengestützten Experteninterviews aus der einschlägigen Literatur und an Beispielen aus frei zugänglichen Dissertationen und anderen wissenschaftlichen Arbeiten. Die Fragen wurden offen formuliert und ihre Anzahl auf 20 begrenzt, um das vorgegebene Zeitmaß von 45 Minuten nicht zu überschreiten.

- **Inhalt**

Im ersten Teil des Leitfadens sind neben dem Ziel des Interviews, Angaben zur Person des Interviewers sowie die Rahmenbedingungen des Interviews aufgeführt. Darunter fallen die vertrauliche Handhabung und Anonymisierung des Interviews und der Auswertung, die nicht bindende Reihenfolge der Fragen sowie die Möglichkeit die Beantwortung einzelner Fragen auszulassen. Zudem wird auf die Audioaufzeichnung des Interviews verwiesen und die Zusendung der Transkription an den Interviewpartner bei Bedarf. Der

Interviewleitfaden[1] selbst unterteilt sich in vier Themenkomplexe, die inhaltlich auf folgende Schwerpunkte abzielen:

- **Grundsätzliches**

Die erste Frage des Themenkomplexes kann als sogenannte „Aufwärmphase" verstanden werden und richtete sich auf die Erfahrungswerte, die der Interviewpartner und sein Unternehmen mit dem IRS bereits gesammelt haben. Des Weiteren wurden in Anlehnung an die Literatur die Charakteristika eines IRS hinterfragt und die Benennung bewährter Grundprinzipien. Neben der Aufzählung und Definition meldewürdiger Ereignisse, wurde zudem die Bedeutung der Anonymisierung und deren Gewährleistung erfragt.

- **Implementierung**

In diesem Teil des Interviews äußerte sich der Experte zu Rahmenbedingungen, Prozessschritten und zu Merkmalen der Organisationskultur, die bei der Implementierung eines IRS erforderlich bzw. von Bedeutung sind.

- **Melden und Analysieren**

Schwerpunkt dieses Themenkomplexes waren die eigentlichen Meldungen zu *incidents*, insbesondere wie und durch wen Meldungen erfolgen und wann nicht. Zudem wurden die Analyseprozesse nach dem Eingang einer Meldung erfragt.

- **Evaluierung und organisationales Lernen**

Der letzte Abschnitt des Interviews widmete sich der Erfolgsmessung des IRS bezüglich der Organisationsveränderung im Sinne von Risikominimierung und Erhöhung der Sicherheitskultur. Diesbezüglich wurden auch die Grenzen des IRS sowie geäußerte Kritiken von Nutzern und Auswertern erfragt.

10.3.3. Vorbereitung und Durchführung des Interviews

- **Vorbereitung**

Die Vorbereitung des Interviews bestand aus mehreren Phasen. Zunächst wurden potenzielle Interviewpartner angeschrieben und die Rahmen-bedingungen des Interviews und Fragen in loser Form ausgearbeitet. Diese wurde im Nachgang verfeinert, so dass ein Katalog von 20 Fragen á vier

---

[1] Der detaillierte Interviewleitfaden ist dem Anhang dieser Arbeit beigefügt.

Themenkomplexe entstand. Aufgrund der Befristung des Interviews auf 45 Minuten wurden Zielsetzung, Rahmenbedingungen und Themenkomplexe des Interviews dem Experten vorab zugesandt und der Gesprächstermin festgesetzt.

- **Durchführung und Aufbereitung**

Zu Beginn des Experteninterviews fand eine kurze Einführung statt, in welcher der Autor seine Person sowie die Thematik der Masterarbeit vorstellte. Die wesentlichen Rahmenbedingungen, wie sie der ersten Seite des Leitfadens zu entnehmen sind, wurden dem Interviewpartner vorgetragen und zudem das Einverständnis für die mit der ersten Frage beginnenden Tonaufzeichnung eingeholt. Nach Beendigung des Interviews erforderte die digitale Tonaufzeichnung als Erstes die Transkription des Interviews sowie die anschließende Anonymisierung für die weitere Verwendung.

10.3.4. Kernaussagen des Interviews

Die folgenden Ausführungen beschreiben die wesentlichen Kernaussagen aus dem Interview. Zu Beginn des Interviews betonte der Gesprächspartner, dass sein Unternehmen ausschließlich in Bereichen des Gesundheits- und Sozialwesen tätig ist und sich sein Expertenwissen zum (Critical) Incident Reporting Systeme daher auf diesen Sektor fokussiert.

- **IRS als Berichtssystem für Zwischenfälle**

(C)IRS dienen dem Melden von Zwischenfällen, die ohne Schaden verlaufen sind und aus denen keine Haftungsfragen entstehen. Zwischenfälle werden durch dieses System sichtbar und dienen als Lernchance. Da Fehler unvermeidlich sind, ist ein offener Umgang mit Fehlern wichtig und es gilt Schuldzuweisungen zu vermeiden. Das Melden von Risiken, von kritischen und unerwünschten Ereignissen wird allen Mitarbeitern ermöglicht. Haftungs- oder Schadensfälle hingegen gehören nicht in das Berichtssystem.

- **Charakteristika und Rahmenbedingungen des (C)IRS**

Das (C)IRS gilt als Bestandteil des Risikomanagements und dient zum Aufzeigen von organisationalen Schwachstellen, die beispielsweise in den Arbeitsprozessen oder der Kommunikation liegen können. Die Implementierung von (C)IRS erfolgt in der Regel in webbasierter Form, wobei manche Organisationen auch ein paralleles Melden durch handschriftlich auszufüllende Meldebögen ermöglichen. Wesentliche Charakteristika des Berichtssystems sind die Gewährleistung der Anonymität des Meldenden bei Bedarf, die einfache Struktur des Meldeformulars mit den wesentlichen Eckdaten sowie die Sanktionsfreiheit. Ist der Meldebogen zu komplex, sinkt die Akzeptanz bei den Benutzern. Trotz der bei Bedarf möglichen Anonymisierung sollte die Möglichkeit für Rückfragen gegeben sein. Organisationsveränderungen, die das (C)IRS herbeigeführt hat, müssen an die Mitarbeiter in gegebener Form kommuniziert werden, beispielsweise über das Intranet.

- **Organisationskultur**

Unbedingt erforderlich für die Inbetriebnahme des (C)IRS ist die Unterstützung seitens des Managements. Durch vertrauensbildende Maßnahmen muss die entsprechende Kultur geschaffen werden, die ein Melden von unerwünschten Ereignissen fördert. Hier sind die Geschäftsführung, die Führungskräfte und der Betriebsrat gefordert. So sollte das Sicherheitskonzept zum (C)IRS veröffentlicht werden und aufzeigen, dass keine Protokollierung der Eingaben erfolgt, aus welchen hervorgeht, wer von wo welche Meldung abgesetzt hat. Dies sollte offenkundig durch die Geschäftsführung kommuniziert werden.

- **Prozessschritte**

Bei der Umsetzung des Konzepts baut man zunächst die Grundstrukturen in einem kleinen Team mit einem Projektverantwortlichen in der Organisation auf. Vor der Inbetriebnahme des (C)IRS erfolgt dann in der Regel eine Informationsveranstaltung, bei der den Mitarbeitern das System vorstellt wird. Neben der Darstellung der Wirkungsweise und Charakteristika eines Incident Reporting werden auch Informationen über die Form der Rückmeldungen auf eingehende Meldungen und durch das (C)IRS bedingte Systemveränderungen kommuniziert. Zudem erfolgt die Schulung eines Auswertungsteams, das nach gewissen Methoden die Berichte analysiert.

- **Melden unerwünschter Ereignisse (Incident Reporting)**

Die Erfassungsmaske, egal ob webbasiert oder in Papierform, beinhaltet eingrenzende Kriterien wie Datum, Ort und Zeit und die Berufsgruppe. Neben der Freitextmöglichkeit zur Schilderung des Falles ist auch die Eingabe von vorgeschlagenen bzw. bereits eingeleiteten Maßnahmen sowie zu den Ursachen des Ereignisses möglich.

- **Gründe für Nicht-Melden**

Die Gründe für ein Nicht-Melden von unerwünschten Ereignissen beruhen hauptsächlich auf der Angst vor Sanktionen oder Benachteiligungen. Ein Unterlassen der Meldung ist insbesondere dann der Fall, wenn die Meldung aus einem Bereich mit einem sehr kleinen Personenkreis eingeht und leicht Rückschlüsse auf die meldende Person zulässt. Die Angst begründet sich dann dadurch, dass Sanktionen durch eine Führungskraft befürchtet werden. Auch ein fehlender Informationsrückfluss, der Zweifel an der Wirksamkeit des Meldens aufkommen lässt, kann ein Grund für ein Nicht-Melden sein. Insgesamt liegen die Gründe in der Sicherheitskultur, der Kommunikation und in dem Führungsverhalten.

- **Prozentuale Gewichtung der Selbst-/Drittmelder**

Grundsätzlich sind die eingehenden Meldungen beim Incident Reporting auf Selbstmeldungen zurückzuführen, da sonst die Wahrung der Anonymität gefährdet sein könnte.

- **Incident Reporting Analyse**

In der jeweiligen Organisation wird ein Auswertungsteam etabliert, das in der Regel interprofessionell besetzt ist. Personen des Auswertungsteams genießen einen gewissen Vertrauensstatus und haben einen guten Einblick in die Organisation. Die Analyse der Meldungen erfolgt gemeinsam bei regelmäßigen Treffen. Je nach Bewertung der Meldung werden Maßnahmen ergriffen, die zuerst mit der Geschäftsführung besprochen oder dieser direkt vorgestellt werden. Die Ergebnisse der Analysen und die Maßnahmen werden dann über das Intranet kommuniziert.

- **Organisationsverbesserungen durch (C)IRS**

Etwa ein Drittel aller eingehenden Meldungen erhalten die höchste Bewertung in der Analyse und bringen Verbesserungen mit sich. Diese Zahl beruht auch auf dem Umstand, dass teilweise nicht genug Informationen aus der Meldung hervorgehen und aufgrund der Anonymisierung keine Möglichkeit zur Nachfrage besteht. Handlungsempfehlungen, die vom (C)IRS-Auswertungs-

Team entwickelt und von der Geschäftsführung freigegeben wurden, werden dann in die Abläufe und Prozesse integriert und erhöhen die Sicherheit bzw. die Patientensicherheit. Die Umsetzung erfolgt durch die Verantwortlichen des jeweiligen Bereichs. Konkrete Beispiele sind das eingeführte Vier-Augen-Prinzip oder die Änderung der Etikettierung bei gleich aussehenden Medikamenten. Über Veröffentlichungen im Intranet und den Mitarbeiterzeitschriften können dann neben den initiierten Maßnahmen die Anzahl der eingegangen Meldungen mitsamt der Bewertung und Gewichtung dargestellt werden. Durch den messbaren Rückgang der Haftungs- und Versicherungsfälle lassen sie Rückschlüsse auf die Erhöhung der Sicherheit mittels (C)IRS ziehen.

- **Vorteile des (C)IRS**

Der Vorteil des (C)IRS liegt in der Anonymität des Berichtens. Diese Form des Meldens von unerwünschten Ereignissen gibt es anderweitig nicht.

- **Kritik am Incident Reporting im Gesundheitswesen**

Von den Anwendern wird oftmals fehlendes Vertrauen in die Organisation als Hindernis zur Nutzung des Systems genannt. Des Weiteren differieren die Meinungen darüber, ob die Meldebögen eher elektronischer oder besser papierbasierter Art sein sollten. Die Auswerter kritisieren die geringe Menge an Informationen, die in einer Meldung enthalten sind. So entsteht ein Zwiespalt zwischen optimaler Informationsmenge und komfortablen übersichtlich knappen Meldebögen sowie notwendiger Anonymisierung.

- **Schlussbemerkung des Experten**

Letztlich ist das Incident Reporting im Gesundheitswesen noch weit davon entfernt, sicherheitsrelevante Themen so offen und konstruktiv anzugehen, wie es in der Luftfahrt der Fall ist. Eine Änderung könnte das im Jahr 2013 in Kraft tretende Patientenrechtegesetz herbeiführen, das eine verpflichtende Einführung von Fehlermeldesystemen, wie dem CIRS, vorsieht.

10.4.   Datenbefunde zum IRS aus dem Gesundheitswesen

Die öffentlichen Datenbefunde, die sich mit der Thematik des Incident Reporting auseinandersetzen, entstammen dem Bereich des Gesundheitswesens und basieren auf einem Projektbericht der Medizinischen Hochschule Hannover, welches das Incident Reporting System seit der Einführung in ihrer Organisation begleitet und evaluiert hat (vgl. Cartes 2008). Weitere Datenbefunde wurden aus den Erfahrungsberichten des Kantonsspitals St. Gallen (Schweiz) entnommen, die aus der kontinuierlichen Evaluierung des IRS seit seiner Einführung gewonnen wurden (vgl. Rose/Germann 2005; Rose/Hess 2008; Rose 2009).

10.4.1. Medizinische Hochschule Hannover

Die medizinische Hochschule Hannover (MHH) umfasste bei Veröffentlichung des Forschungsprojekts 18 medizinische Zentren mit 75 Abteilungen, 15 Betriebseinheiten und fachübergreifende Einrichtungen sowie verschiedene Schulen. Die Entscheidung ein CIRS für Beinahe-Unfälle einzuführen, wurde im Jahr 2001, zwei Jahre nach der Implementierung und Etablierung eines Risikomanagements, in Anwesenheit der Rechtsabteilung und der Versicherungsvertreter getroffen. Das Berichtssystem der MHH wird als das „3Be-System" (Berichts-, Bearbeitungs- und Behebungs-System für Beinahe-Zwischenfälle) bezeichnet und im Folgenden der Einfachheit halber Incident Reporting System oder Berichtssystem genannt.

- **Rahmenbedingungen und Grundsätze**

Unter Einbeziehung des Personalrats und der Haftpflichtversicherung vereinbarte das Präsidium den Schutz der sich am Berichtssystem beteiligenden Mitarbeiter vor Repressalien der Hochschule und sicherte die Unterstützung bei Implementierung, Etablierung und Ausweitung des IRS zu. Die Rahmenbedingungen und Grundsätze des IRS basieren auf den Empfehlungen der Literatur und anderen Studien. Um die Unterstützung und den Willen der Abteilungsleitungen zu gewinnen, wurden diese über die Vor- und Nachteile, die Anforderungen sowie die Ziele des Berichtssystems informiert. Von einer zentralen Stelle im Krankenhaus ausgehend, wurde in jeder Abteilung eine dezentrale Stelle festgelegt, die sich bei der Aufbaustruktur und Etablierung an den Grundsätzen eines IRS orientierte (Tabelle 12). Das Berichtssystem erfasst ausschließlich Zwischenfälle, bei denen kein Schaden für Mensch oder Umwelt entstanden ist. Hierzu zählen auch Fälle, bei denen die Korrektur einer unsicheren Handlung einen Schaden verhindern konnte.

Grundsätze des IRS (3Be-System)	
▪ Sanktionsfreiheit	▪ Analyse durch Experten
▪ Vertraulichkeit	▪ Feedback an alle
▪ Anonymität	▪ Klare Aufbau- und Ablaufstrukturen
▪ Deidentifizierung der Meldungen	▪ Das Meldeverfahren muss einfach sein
▪ Freiwilligkeit	▪ Klare Definition des Meldungsinhaltes
▪ Unabhängigkeit	▪ Systemorientierung

Tabelle 12: Grundsätze des IRS (eigene Darstellung)

▪ **Das Berichten**

Für die Erfassung, Dokumentation und Verwaltung der Meldungen wurde ein standardisierter Meldebogen entworfen und eine den Ansprüchen genügende Software implementiert, die keine Daten zum Absender speichert und den Meldenden die Wahl zur Anonymisierung ermöglicht. Der Bericht umfasst mehrere Auswahlfelder, die beispielsweise Angaben über Ort, Zeit, beteiligte Personen (Profession) und Ursachen des Zwischenfalls enthalten. Die Beschreibung des Zwischenfalls erfolgt mittels Freitexteingabe.

▪ **Schulung und Betreuung**

Vor der Einführung des IRS fanden Schulungen für die Mitarbeiter statt, um über das Berichtssystem aufzuklären, Ängste zu beseitigen und Vertraulichkeit zu schaffen, sowie eine Änderung der Kommunikations- und Fehlerkultur zu bewirken. Für die IRS-Verantwortlichen fanden Schulungen statt, die z.B. die Grundlagen, den Aufbau und die Organisation des Incident Reporting und der Incident Analyse beinhalteten. Nach den Schulungen wurden die IRS-Verantwortlichen intensiv betreut und die Mitarbeiter bei Bedarf wiederholend über das Berichtssystem informiert.

▪ **Kategorisierung der Meldungen**

Für jede Meldung erfolgt nach Eingang eine Kategorisierung gemäß den 14 vordefinierten Risikofeldern (Tabelle 13).

Risikofelder

▪ Organisation	▪ Medikation
▪ Prozessablauf	▪ Behandlung
▪ Dokumentation	▪ Aufklärung
▪ Probenverwechslung	▪ Patientenverwechslung
▪ Eingriffsverwechslung	▪ Sicherheit für Menschen und Sachen
▪ Infrastruktur/Arbeitsplatz	▪ Technik
▪ Betriebsmittel/Material	▪ Meldung nicht klar (nicht verständlich)

Tabelle 13: Risikofelder zur Kategorisierung der Meldungen (eigene Darstellung)

▪ **Einleitung von Maßnahmen**

Nach Eingang und Kategorisierung einer Meldung erfolgt abhängig von der Bewertung die Bearbeitung auf lokaler Ebene durch das zuständige IRS-Team oder organisationsübergreifend, begleitet und gesteuert durch die Führungskraft des Risikomanagements. Dabei finden alle Meldungen eines Risikofeldes bei der Einleitung der Maßnahmen Berücksichtigung.

▪ **Ziel**

Die Einführung des Berichtssystems folgt der Zielsetzung, Risiken zu identifizieren, zu reduzieren bzw. zu vermeiden, die Patientensicherheit zu erhöhen sowie eine Sicherheitskultur zu etablieren.

▪ **Erfahrungen und Ergebnisse**

Die Autorin des Berichts Dr. med. Cartes, Leiterin des Risikomanagements der Medizinischen Hochschule Hannover, verweist auf die Rahmenbedingungen und Grundsätze als unverzichtbare Basis des Berichtssystems. Insbesondere die Freiwilligkeit und die Sanktionsfreiheit sind motivationsfördernde Faktoren, die die Mitarbeiter zum Melden veranlassen. Explizit wird die Erfassung von Schadensereignissen durch das IRS mit dem Verweis auf die dafür vorgesehenen Melderegularien ausgeschlossen. Durch den Aufbau eines zentralen Risikomanagements mit dezentralen IRS-Meldekreisen in den Abteilungen wird der Informationsfluss gesichert und die Teamarbeit und -kommunikation gefördert, was sich wiederum positiv auf die Fehlerkultur auswirkt. Als Indikator für die Meldemotivation der Mitarbeiter und als Planungsgrundlage für Schulungen und Informationsveranstaltungen dient die Kennzahl über die Beteiligung der jeweiligen Berufsgruppe (Ärzte und Pflegepersonal).

Die eingehenden Meldungen basieren zumeist auf der Entdeckung der Zwischenfälle durch die persönliche Aufmerksamkeit der Mitarbeiter oder durch Routinekontrollen. Vorteilhaft wirkt der prozess- und systemorientierte Ansatz des Berichtssystems, der aufzeigt, dass die Ursachen für Zwischenfälle zumeist auf organisationale Faktoren, insbesondere Schnittstellenprobleme und Kommunikationsdefizite, zurückzuführen sind, gefolgt vom menschlichen Fehlverhalten, wie Stress und hohe Belastung. Eine nicht adäquate Infrastruktur als drittgenannte Ursache und weitere Faktoren verstärken die erstgenannten Ursachen. Als weitere wichtige Erkenntnis benennt die Autorin die Möglichkeit zur Messung der Sicherheitskultur und der Effektivität des Risikomanagements. Die stetige Zunahme der eingehenden Meldungen führte zu einer positiven Entwicklung der Sicherheitskultur. Beobachtbar war eine zunehmende Meldebereitschaft durch kontinuierliche Schulungen und Informationsveranstaltungen. Die reduzierte Anzahl der Patientenvorwürfe zeigt die Effektivität der eingeleiteten Maßnahmen. Der Wert, der aus der Relation beider Kennzahlen resultiert, dient als Indikator für die Effektivität des Risikomanagements.[2] Ab dem Jahr 2004 verzeichnet die MHH eine stabile Betriebshaftpflichtversicherungsprämie sowie einen jährlichen Bonus von der Haftpflichtversicherung seit 2006 (vgl. Cartes 2010).

10.4.2. Kantonsspital St. Gallen (Schweiz)

Das Kantonsspital St. Gallen ist ein Zusammenschluss aus den Spitälern St. Gallen, Rorschach und Flawil. Als Instrument des Qualitäts- und Risikomanagements dient das CIRS in allen drei Spitälern dem Ziel, durch die systematische Bearbeitung von gemeldeten kritischen Zwischenfällen, die Patientensicherheit zu verbessern. Kritische Zwischenfälle ohne Schaden werden zunächst auf anonymer Basis gemeldet und werden dann über einen elektronischen Meldekreis an den CIRS-Verantwortlichen geleitet. Auf Basis der Meldungen werden in regelmäßigen interdisziplinär besetzten CIRS-Besprechungen Verbesserungsmaßnahmen abgeleitet und umgesetzt. Der Erfolg des Berichtssystems wird auf die steigende Anzahl von Meldungen und

---

[2] Eine detaillierte Darstellung der Ergebnisse aus dem Auswertungszeitraum von Mai 2004 bis Juli 2008 können dem öffentlichen Projektbericht entnommen werden (vgl. Cartes 2008).

den darauf basierenden Verbesserungsmaßnahmen zurückgeführt[3]. Dies wiederum wird auf die nutzenbringende und vertrauensfördernde Wirkung des Berichtssystems zurückgeführt.

- **Mitarbeiterbefragung 2003 und 2008**

Als Beleg für die positiven Auswirkungen des CIRS dient eine Mitarbeiterbefragung (n=1020) aus dem Jahr 2008, deren Ergebnisse mit denen aus dem Jahr 2003 verglichen werden. In der Befragung bescheinigt die Mehrheit der Mitarbeiter dem Berichtssystem eine nutzbringende Wirkung (72 Prozent, 2003: 45 Prozent) sowie einen vertrauensfördernden (24 Prozent, 2003: 15 Prozent) und persönlich entlastenden Effekt (31 Prozent, 2003: 22 Prozent). Die Befürchtung persönlicher Nachteile durch das Absenden einer anonymen Meldung sank auf 4 Prozent (2003: 26 Prozent).

Die herrschende Sicherheitskultur wird auf den interprofessionellen und interdisziplinären Ansatz zurückgeführt, der sich vor allem in der gemeinsamen CIRS-Fallbesprechung und der Weiterbearbeitung der Meldungen durch Arzt- und Pflegepersonal in den drei Spitälern äußert.

- **Neun Kernmerkmale**

Die Charakteristika des CIRS basieren im Kantonsspital auf neun Merkmalen, wobei jedes einen kritischen Erfolgsfaktor darstellt und Auswirkungen auf die Sicherheitskultur hat (Tabelle 14).

Keine Schäden melden	Anonymität wahren	Interprofessionalität, Interdisziplinarität fördern
Kurzes CIRS-Meldeformular	Leadership in Sicherheitskultur	Meldekreise einführen
CIRS-Fallbesprechungen durchführen	Daten- und Informationspolitik festlegen	CIRS-Verantwortliche einsetzen

Tabelle 14: Die neun Kernmerkmale des St. Galler CIRS

- **Problematiken**

Schwierigkeiten bei der Anonymität des Meldenden stellen sich vor allem in kleineren Meldekreisen dar, denen auch nicht mit schriftlichen Regeln oder technischen Möglichkeiten begegnet werden kann. Hier hilft nur eine entsprechende Sicherheitskultur, die auf einer offenen kollegialen Kommunikation beim Umgang mit Fehlern basiert. Zudem zeigen erste

---

[3] Eine detaillierte Aufschlüsselung der Fehlerursachen und abgeleitete Maßnahmen können den Berichten zum Kantonsspital St. Gallen entnommen werden (Rose/Germann 2005; Rose/Hess 2008; Rose 2009).

Hinweise ein deutliches „Underreporting" in Bezug auf die tatsächlichen Ereignisse, die ein Verhältnis von 93 Prozent nicht gemeldeten zu 7 Prozent gemeldeten kritischen Ereignissen aufweisen. Um einem Teilnahmerückgang am Berichtssystem entgegenzuwirken, muss die kontinuierliche Information der Mitarbeiter erfolgen.

11. Zusammenfassende Auswertung

Im Folgenden werden die aus dem Experteninterview und den Datenbefunden gewonnenen Erkenntnisse mit den Feststellungen aus der Literaturrecherche des ersten Teils dieser Arbeit in Beziehung gesetzt. Der Fokus liegt auf dem Kritischen Sektor des Gesundheitswesens, da die empirischen Belege ausschließlich aus diesem Bereich stammen.

Im Rahmen der Auswertung ist die wechselseitige Beeinflussung von Fachliteratur und Berichten aus der Praxis des Incident Reporting auffällig. So orientieren sich die Organisationen, aus denen die Datenbefunde entstammen, weitestgehend an den Erkenntnissen aus der Forschungsdisziplin der Human Factors (Kap. 3), der Organisationskultur (Kap. 5 und 6) und der Fehlerforschung (Kap. 7). Gleichwohl dienen sie durch ihre erfolgreiche Einführung und fortwährende Evaluation bezüglich des IRS als empirische Grundlage für die Fachliteratur, indem sie etwa praxisbezogene Erkenntnisse und Problematiken zum organisationalen Lernen und zur Etablierung einer Sicherheitskultur durch das Incident Reporting liefern. Beispielhaft sei an dieser Stelle die Aufbaustruktur des Berichtssystems der Medizinischen Hochschule Hannover genannt, welche nunmehr in einigen Studien empfohlen wird (vgl. Rall et al. 2006; Cartes 2008 S. 32).

11.1. Sicherheit und Sicherheitskultur

Mit der Implementierung von Incident Reporting Systemen in das Risiko- bzw. Qualitätsmanagement wird grundsätzlich das Ziel verfolgt, Informationen über unerwünschte Ereignisse zu gewinnen, um Risiken zu minimieren und die Sicherheit in den jeweiligen Organisationen zu erhöhen. Im Speziellen liegt die Betonung im Bereich des Gesundheitswesens auf die Erhöhung der Patientensicherheit und die Etablierung einer Sicherheitskultur. Zieht man die Expertenaussagen und die Datenbefunde heran, spiegeln sich in der praktischen Ausgestaltung des IRS die wesentlichen Inhalte des Konzepts der informierten Kultur von Reason (1997) zur positiven Beeinflussung von Sicherheitskultur und die systemorientierte Sicht auf Fehler wieder (Kap. 5.4 und 7.2). So wird die Notwendigkeit erkannt, eine Berichts- und Lernkultur zu schaffen, die Informationen über unerwünschte Ereignisse liefert und Schwachstellen im System aufzeigt. Dafür muss bei allen Mitgliedern einer Organisation das Verständnis über den Sinn solcher Informationen erzeugt werden.

11.1.1. Fehlerkultur als Voraussetzung

Die Veränderung der Fehlerkultur stellt die schwierigste Aufgabe und zugleich den entscheidenden Erfolgsfaktor dar. Hier zeigen sich in der Praxis im Allgemeinen Schwierigkeiten auf, die auf psychologischen und organisationalen Barrieren basieren (vgl. Kap. 5.4). Insbesondere im Gesundheitswesen ist oftmals der Fokus darauf gerichtet, die Person zu lokalisieren, deren fehlerhafte Handlung ursächlich für den Zwischenfall war. Aus diesem Umgang mit Fehlern resultiert eine destruktive Fehlerkultur (*blame culture*), die die Abneigung Fehler zuzugeben und die Angst vor Repressionen schürt. Für den Erfolg des IRS ist daher unverzichtbar, Rahmenbedingungen zu schaffen, die zur Überwindung dieser Barrieren beitragen und eine konstruktive Fehlerkultur etablieren. In der Praxis wird dieser Problematik durch vertrauensbildende Maßnahmen und einer offenen Kommunikation, den essentiellen Voraussetzungen einer Fehlerkultur, begegnet. Ohne Vertrauen ist ein Überwinden der natürlichen Hemmschwelle, eigene oder Fehler der Kollegen offiziell zu melden, nicht möglich.

Die Grundsteinlegung für die Rahmenbedingungen erfolgt bereits mit dem Entschluss des Managements bzw. der Geschäftsführung, ein Incident Reporting System einzuführen. Dieses muss nicht nur hinter der Einführung des IRS stehen, sondern es mittragen, indem eine schriftliche Vereinbarung verabschiedet wird, in der die Unterstützung bei allen Implementierungs-schritten zugesichert und auf die arbeitsrechtliche Sanktionsfreiheit des Systems verwiesen wird. Tatsächlich liefert die Fachliteratur über diesen wichtigen ersten Schritt zur Implementierung bis heute wenige Angaben. Die Praxis zeigt jedoch, dass die Einbindung des Personalrates und der Haftpflichtversicherung anzuraten und grundlegend für Zielerreichung sind.

Weitergehend ist eine offene Kommunikationsstrategie vonnöten. Diese setzt bei den Führungsebenen an, denen die Rahmenbedingungen, Grundsätze und Charakteristika des Berichtssystems mitzuteilen sind und setzt sich fort bei der Belegschaft, die es für das Incident Reporting zu gewinnen gilt. In der Praxis erfolgt die Umsetzung der Kommunikationsstrategie durch das Risikomanagement, welches direkt der Geschäftsführung verantwortet ist. So werden etwa die Inhalte des IRS-Konzepts veröffentlicht oder/und entsprechende Auftakt- und Informationsveranstaltungen für alle Mitarbeiter sowie spezielle Schulungen für die IRS-Verantwortlichen veranlasst. Dabei zeigt sich, dass insbesondere kontinuierliche Schulungen die Motivation zum Berichten erhöhen.

11.2. Charakteristika als kritische Erfolgsfaktoren

- **Anonymität und Vertrauen**

Die wesentlichen Eigenschaften des IRS, die über den Erfolg entscheiden, sind in der Literatur und in der Praxis weitestgehend gleich beschrieben. Neben der bereits erwähnten arbeitsrechtlichen Sanktionsfreiheit ist dies unter anderem die Anonymität des Meldenden. Die Literatur vertritt die Auffassung, dass die Anonymität eine Grundvoraussetzung für das IRS sei. Sie verweist jedoch zunehmend auf die Vorteile, die aus einer nicht anonymisierten Meldung hervorgehen. So wird die Möglichkeit gewahrt, durch Kontaktaufnahme von Berichterstatter und IRS-Verantwortlichen, Rückfragen zu stellen und das Problem zu veranschaulichen. Auch in der praktischen Anwendung ist auffällig, dass die Wahrung der Anonymität des Berichtenden zunächst als ein Kernkriterium des Berichtssystems genannt wird. Tatsächlich nimmt die Frage nach der Anonymität in der Praxis zum Teil einen geringeren Stellenwert ein, als es die Diskussion in der Literatur vermuten lässt. Dies mag zum einen darauf zurückzuführen sein, dass beispielsweise in einem kleinen Meldekreis mit ein wenig detektivischer Energie, der Meldende ohnehin zu identifizieren ist. Anderseits zeigt die Praxis aber auch, dass das Vertrauen einen gewichtigeren Part einnimmt. Mit zunehmendem Vertrauen innerhalb der Belegschaft, in die Organisation und in das IRS wird weniger Gebrauch von der Anonymisierung gemacht, so dass die Anzahl nicht anonymer Meldungen einen Indikator für eine gelebte Fehler- bzw. Sicherheitskultur darstellt (vgl. Köbberling 2005). Die vertrauliche Behandlung der generierten Daten erfolgt

77

weitestgehend durch die IRS-Verantwortlichen. So werden keinerlei personenbezogene Daten im Rahmen des Berichts gespeichert und etwaige Anonymisierungen durch die IRS-Verantwortlichen vorgenommen.

- **Keine Schadensfälle ins IRS**

Die betrachteten Berichtssysteme dieser Empirie erfassen – wie die meisten IRS – ausschließlich Ereignisse, die keinen Schaden verursacht haben. Natürlich wäre ein IRS in seiner Struktur theoretisch auch zur Erfassung von Schadensmeldungen geeignet. Hier gilt es jedoch zu bedenken, dass Handlungen, die mit einem Schadenseintritt in Verbindung gebracht werden, neben zivilrechtlichen Konsequenzen auch strafrechtliche Verantwortung nach sich ziehen können, was wiederum zu einer Beschlagnahme der Daten des IRS führen kann[4]. Um einer Vermischung von Meldungen mit und ohne Schaden vorzubeugen, werden den Mitarbeitern festgelegte Definitionen kommuniziert, die explizit auf den nicht eingetretenen Schaden verweisen.

- **Feedback und Motivation vs. Underreporting**

Die Motivation der Mitarbeiter zur Nutzung des IRS unterliegt einer gewissen Schwankungsbreite. In der Praxis ist eine Zunahme der Meldefrequenz immer dann zu verzeichnen, wenn sich in Form von Informationsveranstaltungen und ähnlichen Maßnahmen, um eine aktive Teilnahme am System bemüht wird.

Zudem ist die kontinuierliche Rückmeldung an die Mitarbeiter ein unverzichtbares Kriterium, das den langfristigen Erfolg des Systems sichert. Die Möglichkeiten, die Mitarbeiter zu erreichen, sind vielfältig und werden in der Praxis auf unterschiedliche Art und Weise umgesetzt. Einige Organisationen geben in regelmäßigen Abständen einen IRS-Bericht heraus, der ausgewählte anonymisierte Fallmeldungen schildert und die daraus resultierenden Handlungsempfehlungen aufzeigt. Alternativen sind Aushänge, Veröffentlichungen in Mitarbeiterzeitungen oder im Intranet sowie Besprechungen zum IRS. In jedem Fall geht es darum, den Mitarbeitern den Nutzen des Systems im Sinne von sichtbaren Prozessveränderungen aufzuzeigen. Zudem kann das regelmäßige Rückmeldungen dazu führen, dass weitere Mitarbeiter, die sich bisher nicht beteiligten, dazu motiviert werden,

---

[4] Die Herausgabe der Daten des IRS für ein zivil- oder strafrechtliches Verfahren ist eher hypothetischer Natur, da bisher keine publizierten Belege über ein solches Vorgehen existieren (vgl. Hofinger 2010, S. 90).

Zwischenfälle und Fehler zu berichten. Erfolgen diese Rückmeldungen nicht, ist die negative Konsequenz, dass die Bereitschaft zum Melden sinkt.

Dass es noch einen Großteil der Mitarbeiter zu erreichen gilt, zeigt das sogenannte „underreporting". Erste Indizien weisen darauf hin, dass tatsächlich nur sieben Prozent der stattgefunden meldewürdigen Ereignisse Einzug in das IRS finden.

- **Einfaches Melden**

  „Am Anfang hatten wir viel zu viele Schritte. Das war viel zu kompliziert, das wollte keiner." (Äußerung des Experten im Interview)

Ein nicht zu vernachlässigender Aspekt ist die Benutzerfreundlichkeit des IRS, wie Erfahrungswerte aus der Praxis zeigen. Die Meldebereitschaft wird durch die Menge einzugebender Daten in das Formular wesentlich beeinflusst. Ein zu hoher Arbeitsaufwand, basierend auf ausgedehnten Formularen, wirkt abschreckend und führt zu wenigen Meldungen. Aufgrund dieser Erfahrungen, sind die Formulare mittlerweile so konzipiert, dass die Abgabe einer Meldung nicht mehr als fünf Minuten in Anspruch nimmt (vgl. Köbberling 2004; Rose/Hess 2008).[5]

- **Incident Analyse**

Die eigentliche Wirkung des Incident Reporting entfaltet sich erst mit der entsprechenden Analyse. So dient das Erfassen von Zwischenfällen und Fehlern nicht der reinen Statistik, sondern sie stellen die Grundlage für Auswertungen dar, die wiederum zu Veränderungen organisationaler Prozesse führen sollen. In den (C)IRS der Medizinischen Hochschule Hannover ist bereits in den Meldeformularen ein Freitextfeld eingefügt, in dem der Berichtende Lösungsansätze aufführen kann. Bei einem umfangreichen Fall, der ausreichend Daten liefert, erfolgt die Bearbeitung wenn notwendig nach der Root Cause Analysis bzw. dem London-Protokoll (vgl. Kap. 8.3). Bewährt hat sich das Betreiben von lokalen Meldekreisen, in denen Empfehlungen und Maßnahmen für den lokalen Bereich erarbeitet werden und die Kompetenz der dortigen Mitarbeiter eingebunden werden kann. Für abteilungsübergreifende Verbesserungsmaßnahmen ist hingegen eine zentrale Stelle, in der Regel das

---

[5] Der Meldebogen im Kantonsspital wird als das „Drei-Minuten-Formular" bezeichnet. In der Klinik Wuppertal liegt der durchschnittliche Zeitaufwand bei 4.8 Minuten (Köbberling 2004).

Risiko- bzw. Qualitätsmanagement, zuständig, so dass neben der Systemverbesserung ein einheitlicher Standard sichergestellt ist.

11.3. Organisationales Lernen und Sicherheitskultur

Tatsächlich gestaltet es sich schwierig, fundierte Aussagen über den Beitrag des IRS zum organisationalen Lernen und zur Etablierung bzw. Erhöhung der Sicherheitskultur zu treffen. Fachbeiträge und Datenbefunde betonen zwar, dass das Berichtssystem einen bedeutenden Beitrag leisten kann und auch die Inhalte der Sicherheitskulturkonzepte und die Ansätze zum organisationalen Lernen spiegeln sich in den Rahmenbedingungen und Gestaltungsmaßnahmen zum IRS wieder (vgl. Kap. 5 und 6). Trotzdem sind nur wenige Studien erhältlich, die sich mit der Evaluation zum IRS beschäftigen. So verweisen die vorliegenden Datenbefunde und Expertenaussagen auf Mitarbeiter-befragungen, die die nutzbringende und vertrauensfördernde Wirkung des IRS hervorheben und auf die entstandene Sicherheitskultur, auf Basis des interprofessionellen und interdisziplinären konzeptionellen Ansatzes hinweisen (vgl. Rose/Hess 2008; Rose 2009). Stabile Haftpflichtbeträge oder Bonuszahlungen des Versicherers werden als Erfolg des Berichtssystems gewertet. Auch die Meldungszunahme von Zwischenfällen (bei gleichbleibender oder sinkender Zahl der schädigenden Ereignisse) wird zumeist als positive Entwicklung der Sicherheitskultur und Effektivität des Risikomanagements verstanden (vgl. Cartes 2008).

In Bezug auf das organisationale Lernen können die aus eingehenden Meldungen resultierenden Verbesserungsmaßnahmen ein Zeichen von Lernprozessen in der Organisation darstellen. So bedeutet jeder Fall, der über das IRS gemeldet wird, dass die Organisation das Wissen des einzelnen Mitarbeiters aktiv aufnimmt. Ob die Organisation dieses Wissen für die Organisations- und Prozessentwicklung tatsächlich nutzt, wird in der Literatur zumindest angenommen und in den Datenbefunden zum Teil beispielhaft belegt.[6] So scheint das IRS ein Adaptives Lernen (*single loop learning*) auf organisationaler Ebene zu bewirken, da reaktive Maßnahmen bzw. Verbesserungen bezüglich der gemeldeten Zwischenfälle initiiert werden (vgl.

---

[6] Beispiele wie Dokumentationspflichten, das Vier-Augen-Prinzip, oder farbliche Medikamentenmarkierung zum Ausschließen von Verwechslungen sind den Datenbefunden und dem Interview zu entnehmen.

Rose/Germann 2005; Rose/Hess 2008; Cartes 2008; Rose 2009). Das organisationale generative Lernen (*double loop learning*) ist für die Organisation ohnehin erforderlich, müssen doch bereits mit dem Entschluss ein IRS zu implementieren, zumeist die Rahmenbedingungen verändert werden. Ob das IRS an sich das organisationale generative Lernen fördert, kann aufgrund fehlender Daten nicht validiert werden. Eine deutliche Veränderung der Fehlerkultur mit fortschreitender Nutzung des IRS, lässt jedoch zumindest darauf schließen.

12. Schlussbetrachtung

12.1. Ergebnisse

Ziel der vorliegenden Arbeit war es, das Incident Reporting System als Instrument des Sicherheits- bzw. Risikomanagements zu betrachten und seinen Beitrag zum organisationalen Lernen und zur positiven Beeinflussung der Sicherheitskultur zu bestimmen. Im Zentrum des Interesses standen Organisationen der Kritischen Infrastrukturen, komplexe soziotechnische Systeme, die die Lebensadern moderner Gesellschaften darstellen. Es wurde deutlich, dass auch und gerade in diesen Arbeitssystemen, der handelnde Mensch eine Schlüsselposition einnimmt.

Zu diesem Zwecke wurden die bedeutendsten Ansätze aus verschiedensten Forschungsdisziplinen untersucht, die die Bedeutung der menschlichen Faktoren aufzeigen. Im Hinblick auf den Schwerpunkt dieser Arbeit standen insbesondere Sicherheitskulturkonzepte, Lerntheorien und Erkenntnisse aus der Fehlerforschung im Fokus. Dabei zeigte sich, dass das Incident Reporting System durch seinen systemischen Ansatz zur Erfassung von Fehlern und Zwischenfällen den Strukturen eines soziotechnischen Systems genüge leistet und wesentliche Funktionen ausübt. Zum einen fungiert es als Gedächtnis der Organisation, das ein organisationales Lernen erst ermöglicht, indem es individuelle Erfahrungen aus Fehlern und Zwischenfällen aufnimmt und auf die Organisationsebene transferiert. Zum anderen kann das Berichtssystem eine positive Veränderung der Sicherheitskultur herbeiführen.

Anderseits muss festgestellt werden, dass ein Berichtssystem nicht von vornherein diese positiven Auswirkungen mit sich bringt. Zwar konnte anhand

81

der Datenbefunde und den Erkenntnissen aus dem Experteninterview der Nutzen eines Incident Reporting Systems mehrfach validiert werden. Es sind jedoch die Rahmenbedingungen und Grundsätze, die über einen Erfolg des Berichtssystems entscheiden. Bemerkenswert ist die Wechselwirkung zwischen Sicherheitskultur und Incident Reporting. So gilt, dass bereits vor der Einführung des Systems eine entsprechende Kultur in der Organisation vorhanden sein muss, die für die Akzeptanz des Incident Reporting Systems notwendig ist. Das Betreiben des Systems führt wiederum zu einer Veränderung der Fehler- bzw. Sicherheitskultur im positiven Sinne.

Insgesamt ist festzustellen, dass die Frage, ob Incident Reporting Systeme Sicherheitskultur und organisationales Lernen fördern, differenziert beantwortet werden muss. Einerseits kann dieses Berichtssystem ein wertvolles Instrument für die Organisation darstellen. Anderseits hängt der Erfolg von dem Vertrauen in das System ab. Somit stellt das Incident Reporting System ein konstruktives Element für das Management dar, das jedoch nur in Verbindung mit einer gelebten Sicherheits- und Fehlerkultur dauerhaft erfolgreich sein kann.

12.2. Ausblick

Die mitunter schon bedeutende Rolle von Sicherheitskultur und organisationales Lernen in Organisationen wird zukünftig weitere Relevanz erfahren. Dies umfasst nicht nur die Sektoren der Kritischen Infrastrukturen. Denn nur lernende Organisationen haben die Fähigkeit, sich den stetig verändernden Umweltbedingungen anzupassen. Im Hinblick auf die Sicherheitskultur wird zudem die ökonomische Perspektive in den Fokus rücken, da eine konstruktive Sicherheitskultur nicht nur präventiv unerwünschten Ereignissen entgegenwirkt, sondern auch positiv zur Wertschöpfungskette beiträgt. Letztlich bedeuten weniger Zwischenfälle weniger Schäden.

Der zunehmende Anstieg von Publikationen, die die positiven Auswirkungen der Incident Reporting Systeme anhand von Ergebnissen verifizieren, wird Organisationen motivieren, sich ernsthaft mit der Thematik des IRS auseinanderzusetzen. Daher geht der Autor davon aus, dass das Incident Reporting System sich über den Bereich der Luftfahrt, der Kernenergie und des Gesundheitswesens hinaus etablieren wird.

Literaturverzeichnis

- Abed-Navandi, Mohammad (2009): *Fehlerkultur. Das Grundprinzip für eine konstruktive Sicherheitskultur,* Wien. http://www.auva.at/mediaDB/553082_abed_fehlerkultur.pdf (zuletzt am 02.02.13).

- Aktionsbündnis Patientensicherheit e.V. (Hg.) (2007): *Empfehlungen zur Einführung von Critical Incident Reporting Systemen (CIRS),* Witten. http://www.aktionsbuendnis-patientensicherheit.de/apsside/07-12-10_CIRS_Brosch__re_mit_Umschlag.pdf (zuletzt am 14.01.13).

- Aviation Safety Reporting Systems (ASRS) (Hg.): *Confidentiality And Incentives To Report.* http://asrs.arc.nasa.gov/overview/confidentiality.html (zuletzt am 15.01.13).

- Badke-Schaub, Petra/Hofinger, Gesine/Lauche, Kristin (2012): *Human Factors. Psychologie sicheren Handelns in Risikobranchen,* Berlin, Heidelberg.

- Badura, Bernhard et al. (2008): *Sozialkapital: Grundlagen von Gesundheit und Unternehmenserfolg,* Berlin.

- Benigni, Susanne (2010): *Implementierung eines Fehlermeldesystems* (Abschlussarbeit), Klagenfurt. http://www.kabeg.at/uploads/media/WBL_2010_Benigni_Susanne_01.pdf (zuletzt am 13.01.13).

- Brozeit, Stephan (2002): *Zur Frage der Zulässigkeit des Einsatzes von Flugkapitänen auf dem rechten Sitz als Ersatz und in Funktion des Copiloten (CM2) im Flugbetrieb außerhalb von Ausbildungssituationen,* Bremen (Rechtsgutachten). http://www.vcockpit.de/fileadmin/dokumente/policies/GutachtenEinsat zalsCM2_0_.pdf (zuletzt am 01.02.13).

- Buerschaper, Cornelius (2012): *Organisationen – Kommunikationssystem und Sicherheit,* in: Badke-Schaub, Petra/Hofinger, Gesine/Lauche, Kristin (Hg.): *Human Factors. Psychologie sicheren Handelns in Risikobranchen,* Berlin, Heidelberg, S.165-187.

- Bundesamt für Bevölkerungsschutz und Katastrophenhilfe (Hg.) (2009): *Vulnerabilität Kritischer Infrastrukturen,* Bonn. http://www.bbk.bund.de/SharedDocs/Downloads/BBK/DE/Publikatio nen/PublikationenForschung/FiB_Band4.pdf (zuletzt am 05.01.13).

- Bundesamt für Bevölkerungsschutz und Katastrophenhilfe (Hg.) (2008): *Schutz Kritischer Infrastruktur: Risikomanagement im Krankenhaus,* Bonn. http://www.bbk.bund.de/SharedDocs/Downloads/BBK/DE/Publikatio nen/Praxis_Bevoelkerungsschutz/Band_2_Leitfaden_Risikomanagm_Kra nkenh_Kritis.pdf (zuletzt am 05.01.13).

- Bundesministerium des Innern (Hg.) (2005): *Schutz Kritischer Infrastrukturen. Basisschutzkonzept,* Berlin. http://www.bmi.bund.de/SharedDocs/Downloads/DE/Broschueren/20 05/Basisschutzkonzept_kritische_Infrastrukturen.pdf?__blob=publication File (zuletzt am 05.01.13).

- Bundesministerium des Innern (Hg.) (2011): *Schutz Kritischer Infrastrukturen. Risiko- und Krisenmanagement. Leitfaden für Unternehmen und Behörden*, Berlin. http://www.bmi.bund.de/SharedDocs/Downloads/DE/Broschueren/20 08/Leitfaden_Schutz_kritischer_Infrastrukturen.pdf?__blob=publicationFi le (zuletzt am 05.01.13).

- Cartes, Maria Ines (2008): *Einführung von Critical Incident Reporting System an der Medizinischen Hochschule Hannover*, Projektarbeit, Hannover. https://www.mh-hannover.de/fileadmin/organisation/ressort_krankenversorgung/downloa ds/risikomanagement/RMAktuellerStand/2008/Das_3Be-System_Cartes.pdf (zuletzt am 04.02.13).

- Cartes, Maria Ines (2010): *10 Jahre Risikomanagement und Patientensicherheit an der MHH.* http://www.mh-hannover.de/fileadmin/organisation/ressort_krankenversorgung/downloa ds/risikomanagement/RMAktuellerStand/2010/5-Cartes-10JahrenRMentwicklungMHH.pdf (zuletzt am 08.02.2013).

- Cendon, Eva (2011): *Der Field-Trip als Praxisdialog*, Berlin (DUW).

- CHIRP – The UK Confidential Reporting Programme for Aviation and Maritime (Hg.) (2012): *5 Page Comprehensive Description.* http://www.chirp.co.uk/downloads/CHIRP%205pp.pdf (zuletzt am 15.01.13).

- Cortolezis-Schlager, Katharina/Pellert, Ada (2009): *Change Management 2: Führung, Widerstand und Projektmanagement*, Berlin (DUW).

- Deutsche Gesetzliche Unfallversicherung (DGUV) (Hg.): *Meldepflichtige Arbeitsunfälle je 1 Mio. geleisteter Arbeitsstunden.* http://www.dguv.de/inhalt/zahlen/au_wu/au_1mio_stunden/index.jsp (zuletzt am 12.02.13).

- Dieckmann, Peter/Rall, Marcus (2012): *Patientensicherheit und Human Factors – Vom Heute in die Zukunft gesehen*, in: Badke-Schaub, Petra/Hofinger, Gesine/Lauche, Kristin (Hg.): *Human Factors. Psychologie sicheren Handelns in Risikobranchen*, Berlin, Heidelberg, S.235-246.

- Dillon, Pat (1998): *innovation – Albert Yu.* http://www.fastcompany.com/36355/innovation-albert-yu (zuletzt am 12.02.13).

- Donato, Jessica (2009): *Whistleblowing: Handlungsempfehlungen für eine nutzenstiftende Umsetzung in deutschen börsennotierten Unternehmen*, Frankfurt a.M.

- Dudenredaktion (Hg.) (2007): *Duden, Das Herkunftswörterbuch. Etymologie der deutschen Sprache,* in: *Der Duden in zwölf Bänden*, Band 7, Mannheim, Leipzig, Wien, Zürich.

- Dudenredaktion (Hg.) (2011): *Duden. Richtiges und gutes Deutsch,* in: *Der Duden in zwölf Bänden*, Band 9, Mannheim, Leipzig, Wien, Zürich.

- E.ON (Hg.) (2008): *Teil des Problems oder Teil der Lösung? Den Herausforderungen des Energiesektors begegnen.* http://www.eon.com/content/dam/eon-com/de/downloads/e/E.ON_CR_DE_.pdf (zuletzt am 27.01.13).
- E.ON (Hg.) (2011): *E.ON CR-Bericht 2010.* http://www.econsense.de/sites/all/files/CR_Bericht_E.ON_AG_2010_.pdf (zuletzt am 27.01.13).
- EUROCONTROL (Hg.) (2012): *EUROCONTROL Voluntary ATM Incident Reporting (EVAIR).* http://www.eurocontrol.int/esp/public/standard_page/evair.html (zuletzt am 14.01.13).
- Ewald, Ricardo (2008): *Critical Incident Reporting Systeme* (Seminararbeit, Informatik in der Chirurgie, Universität Leipzig).
- Fahlbruch, Babette/Meyer, Inga/Dubiel, Jörk (2008): *Einfluss menschlicher Faktoren auf Unfälle in der verfahrenstechnischen Industrie,* Dessau-Roßlau (Umweltbundesamt). www.umweltdaten.de/publikationen/fpdf-l/3490.pdf *(zuletzt am 06.01.13).*
- Fahlbruch, Babette/Schöbel, Markus/Marold, Juliane (2012): *Sicherheit,* in: Badke-Schaub, Petra/Hofinger, Gesine/Lauche, Kristin (Hg.): *Human Factors. Psychologie sicheren Handelns in Risikobranchen,* Berlin, Heidelberg, S.21-38.
- Flanagan, John C. (1954): *The Critical Incident Technique,* in: *Psychological Bulletin. Vol. 51. (4),* S. 327-358. http://www.apa.org/pubs/databases/psycinfo/cit-article.pdf (zuletzt am 07.01.13).
- Flin, Rhona (2002): *The Role of Non-Technical Skills in Anaesthesia: a review of current literature,* in: *British Journal of Anaesthesia 88 (3),* S. 418-429. http://www.erasmusmc.nl/cs-skillslab/3454337/3428027/The_role_of_non-technical_s1.pdf (zuletzt am 14.01.13).
- Flin, Rhona/O'Connor, Paul/Crichton, Margaret (2008): *Safety at the Sharp End: A Guide to Non-Technical Skills,* Aldershot (Ashgate).
- Flin, Rhona (2010): *Safety at the Sharp End. The Role of Non-Technical Skills,* Vortrag bei der 1st Nordic Patient Safety Conference am 20-21.05.10. http://www.npsc.se/internal/download/keynotespeakers/Rhona_Flin.pdf (zuletzt am 06.01.13).
- Gläser, Jochen/Laudel, Grit (2004): *Experteninterviews und qualitative Inhaltsanalyse,* Wiesbaden.
- Grote, Gudela (2012): *Führung,* in: Badke-Schaub, Petra/Hofinger, Gesine/Lauche, Kristin (Hg.): *Human Factors. Psychologie sicheren Handelns in Risikobranchen,* Berlin, Heidelberg, S.189-204.
- GRS – Gesellschaft für Anlagen- und Reaktorsicherheit mbH (Hg.) (2013): *Incident Reporting System (IRS).* http://www.grs.de/content/incident-reporting-system-irs (zuletzt am 27.01.13).

- Gundel, Stephan (2004): *Organisation von Zuverlässigkeit: Die Verhinderung und Bekämpfung von Katastrophen durch organisationsinterne und ordnungspolitische Maßnahmen*, Freiburg.
- Gundel, Stephan (2011): *Reaktions- und Krisenmanagement: Organisation*, Berlin (DUW).
- Hagen, Jan U./Lei, Zhike (2012): *Am Liebsten unter vier Augen*, in: Harvard Business Manager, Juni 2012, S.8-11.
- Hartmann, Ernst Andreas (2011): *Reaktion im Krisenfall*, Berlin (DUW).
- Hawkins, Frank H./Orlady, Harry W. (1993): *Human Factors in Flight*, Aldershot
- Hinding, Barbara/Kastner, Michael (2011): *Gestaltung von lernförderlichen Unternehmenskulturen zu Sicherheit und Gesundheit bei der Arbeit*, Dortmund, Berlin, Dresden (Bundesanstalt für Arbeitsschutz und Arbeitsmedizin).
- Hofinger, Gesine/Rek, Ute/Strohschneider, Stefan (2006): *Menschengemachte Umweltkatastrophen – Psychologische Hintergründe am Beispiel von Tschernobyl*, Umweltpsychologie, 10 Jg., Heft 1, S. 26-45. http://www.gesine-hofinger.de/downloads/umweltpsychologietschernobylhofingerrekstrohsc.pdf (zuletzt am 01.02.13).
- Hofinger, Gesine (2008): *Sicherheitskultur im Krankenhaus*. http://www.gesine-hofinger.de/downloads/mek2008sicherheitskulturimkrankenhaushofinger.pdf (zuletzt am 31.01.13).
- Hofinger, Gesine/Waleczek, Helfried/Horstmann, Rüdiger (2008): *Das Lernen aus Zwischenfällen lernen: Incident Reporting im Krankenhaus*, in: Pawlowski/ Mistele (Hg.): *Hochleistungsmanagement: Leistungspotenziale in Organisationen gezielt fördern*, München, S.207-224.
- Hofinger, Gesine (2009): *Lernen aus Fehlern im Krankenhaus. Systemische Fehlersicht und Zwischenfall-Berichtssysteme*, in: *Unfallchirurg 112* (6), S. 604–609. www.gesine-hofinger.de/downloads/lernen-aus-fehlern-im-krankenhaus-unfallchirur.pdf (zuletzt am 02.06.12).
- Hofinger, Gesine (2010): *Zwischenfallberichtssysteme als Instrument organisationalen Lernens aus Fehlern in Krankenhäusern*, in: *Wirtschaftspsychologie. Aus Fehlern lernen, IV 2010, 12. Jahrgang*, S. 87–96.
- Horn, Günter/Lauche, Kristina (2012): *Lernen aus Störfällen und Präventionsansätze in der Prozessindustrie*, in: Badke-Schaub, Petra/Hofinger, Gesine/Lauche, Kristin (Hg.): *Human Factors. Psychologie sicheren Handelns in Risikobranchen*, Berlin, Heidelberg, S.247-261.
- IAEA – International Atomic Engery Agency (Hg.) (2008): *The IAEA/NEA Incident Reporting System (IRS)*. http://www-ns.iaea.org/downloads/ni/irs/iaea-nea-irs2008.pdf
- Kebabjian, R. (2013): *PlaneCrashInfo.com: Aviation accidents from 1908 through the present*. http://planecrashinfo.com/2007/2007-1.htm (zuletzt am 26.01.13).

- Kirchler, Erich/Meier-Pesti, Katja/Hofmann, Eva (2004): *Menschenbilder in Organisationen,* Wien.
- Köbberling, Johannes (2004): *Das Critical Incident Reporting System (CIRS) als wichtiger Bestandteil eines umfassenden Risikomanagements,* Vortrag vom 19.07.2004. http://www.klinikberatung.de/seiten/data/CIRS_und_Risikomanagement .pdf (zuletzt am 30.12.12)
- Koornneef, Florus (2000): *Organised learning from small-scale incidents,* Delft. http://repository.tudelft.nl/assets/uuid:fa37d3d9-d364-4c4c-9258-91935eae7246/tpm_koornneef_20000926.pdf (zuletzt am 27.01.13).
- KRITIS des Bundes (Hg.): *Sektoren und Branchen Kritischer Infrastrukturen.* http://www.kritis.bund.de/SubSites/Kritis/DE/Einfuehrung/Sektoren/s ektoren_node.html (zuletzt am 05.01.13).
- Künzler, Cuno (2002): *Kompetenzförderliche Sicherheitskultur. Ganzheitliche Gestaltung risikoreicher Arbeitssysteme,* Zürich
- Lembke, Gerald (2001): *Die Lernende Organisation als Grundlage einer entwicklungsfähigen Unternehmung,* Wiesbaden. http://www.learnact.de/literatur/GeraldLembke.pdf (zuletzt am 26.01.13).
- Loroff, Claudia (2011): *Prävention als Führungsaufgabe ,* Berlin (DUW).
- Lutzky, Julia (2008): *Kann man dem Optimismus der high reliability organization-Autoren folgen?,* München.
- Manzey, Dietrich (2012): *Systemgestaltung und Automatisierung,* in: Badke-Schaub, Petra/Hofinger, Gesine/Lauche, Kristin (Hg.): *Human Factors. Psychologie sicheren Handelns in Risikobranchen,* Berlin, Heidelberg, S.333-352.
- Mayer, Horst O. (2008): *Interview und schriftliche Befragung: Entwicklung, Durchführung und Auswertung,* München, Wien.
- Mistele, Peter (2007): *Faktoren des verlässlichen Handelns. Leistungspotenziale von Organisationen in Hochrisikoumwelten,* Wiesbaden.
- Nerdinger, Friedemann W./Blickle, Gerhard/Schaper, Niclas (2011): *Arbeits- und Organisationspsychologie,* Berlin.
- Pfaff, Holger/Ernstmann, Nicole/Pritzbuer, Ekkehard von (2005): *Das Fehlerkulturmodell. Warum gibt es im Krankenhaus keine Fehlerkultur,* in: *Deutsche Gesellschaft für Chirurgie – Mitteilungen,* Jg. 34, Nr. 1, S.39-41. http://uk-online.uni-koeln.de/remarks/d5331/rm2172070.pdf (zuletzt am 02.02.13).
- Pierre, Michael St./Hofinger, Gesine/Buerschaper, Cornelius (2011): *Notfallmanagement: Patientensicherheit und Human Factors in der Akutmedizin,* Berlin, Heidelberg.
- Pollert, Achim/Kirchner, Bernd/Polzin, Javier Morato (2009): *Duden. Wirtschaft von A bis Z,* Mannheim.
- Rall, Marcus et al. (2006): *Incident Reporting: Charakteristika effektiver Incident-Reporting-Systeme zur Erhöhung der Patientensicherheit,* in: *Anasthesiol Intensivmed 2006,* S. 8-24. www.forum-patientensicherheit.de/aktuelles/pdf/pasos.pdf (zuletzt am 02.06.12).

- Rauer, Valentin (2011): *Von der Schuldkultur zur Sicherheitskultur. Eine begriffsgeschichtliche Analyse von 1986 – 2010.* http://www.sicherheit-und-frieden.nomos.de/fileadmin/suf/doc/Aufsatz_SuF_11_02_Rauer.pdf (zuletzt am 07.01.13).
- Reason, James (2000): *Human error: models and management*, in: BMJ (Hg.): *Education and debate*, S. 768-770. http://www.bmj.com/content/320/7237/768 (zuletzt am 31.12.12).
- Reason, James T. (1998): *Achieving a safe culture: theory and practice*, Work and Stress, 12(3), S.293-306. http://www.raes-hfg.com/reports/21may09-Potential/21may09-JReason.pdf (zuletzt am 06.01.13).
- Rose, Norbert/Germann, Daniel (2005): *Resultate eines krankenhausweiten Critical Incident Reporting System (CIRS).* www.cirs.ch/01_CIRS_Rose.pdf *(zuletzt am 27.01.13).*
- Rose, Norbert/Hess, Urs (2008): *Melden von Near Misses im Krankenhaus*, in: Der Onkologe, 14 , S.1-6. http://www.meldeportal.ch/CIRS-Konzept/Documents/Pub_Onkologe_NearMiss.pdf *(zuletzt am 06.02.13).*
- Rose, Norbert (2009): *Anonym Melden – der erste Schritt zur Verbesserung.* http://www.balk-bayern.de/N.Rose_Anonym_melden_100514_1_.pdf *(zuletzt am 27.01.13).*
- *Roughton, James (2008): The Accident Pyramid.* http://emeetingplace.com/safetyblog/2008/07/22/the-accident-pyramid/ *(zuletzt am 14.01.13).*
- Schlier, Daniel (2008): *Fehlerquelle Mensch: Ein industrieübergreifendes Problem,* Saarbrücken.
- Scherer, Eric (1998): *Auftragsabwicklung in der Produktion*, Zürich.
- Sethe, Rolf (2011): *Compliance, Whistleblowing und Critical Incident Reporting: Verbesserung der unternehmensinternen Kommunikation,* in: Sethe, Rolf/Weber Rolf H. (2011): *Kommunikation: Festschrift für Rolf H. Weber zum 60. Geburtstag,* Bern, S. 189-213. http://www.zora.uzh.ch/48497/1/Sethe_Kommunikation_FS_Weber_S.1 89%2D213_2011.pdf *(zuletzt am 03.02.13).*
- Staender, S. (2001): *„Incident Reporting" als Instrument zur Fehleranalyse in der Medizin,* in: Zeitschrift für ärztliche Fortbildung und Qualität, Jg. 95, S. 479-484. http://www.cirs.ch/zaefqdef.PDF (zuletzt am 07.01.13).
- Stigler, Hubert/Felbinger, Günter (2005): *Der Interviewleitfaden im qualitativen Interview,* in: Stigler, Hubert/Reicher, Hannelore (Hg.): *Praxisbuch Empirische Sozialforschung in den Erziehungs- und Bildungswissenschaften,* Innsbruck u.a., S. 129-134. http://www.mdw.ac.at/upload/MDWeb/ims/pdf/Der_Interviewleitfade n_im_qualitativen_Interview_-_neu.pdf (zuletzt am 19.01.13).

- Strohschneider, Stefan (2012): *Human-Factors-Training*, in: Badke-Schaub, Petra/Hofinger, Gesine/Lauche, Kristin (Hg.): *Human Factors. Psychologie sicheren Handelns in Risikobranchen*, Berlin, Heidelberg, S.313-332.
- Taylor-Adams, Sally/Vincent, Charles (2007): *Systemanalyse klinischer Zwischenfälle. Das London Protokoll*. Zürich.
  http://www.patientensicherheit.ch/dms/de/themen/3111_ERA_londonp rotocol_d/London%20Protocol%3B%20S.%20Adams,%20Ch.%20Vince nt%20(deutsch).pdf (zuletzt am 30.01.13).
- Thomeczek, Christian/Rohe, Julia/Ollenschläger, Günter (2007): *Incident Reporting Systeme – in jedem Zwischenfall ein Fehler?*, in: Madea, Burkhard/Barth, Sonja (Hg.): *Medizinschadensfälle und Patientensicherheit*, Köln, S. 169-176.
- Toft, Brian (2001): *External Inquiry into the adverse incident that occurred at Queen's Medical Centre, Nottingham, 4th January 2001*, Untersuchungsbericht.
  http://www.who.int/patientsafety/news/Queens%20Medical%20Centre %20report%20(Toft).pdf (zuletzt am 01.02.13).
- Van Vegten, Mandy Amanda (2008): *Incident-Reporting-Systeme als Möglichkeit zum organisationalem Lernen (nicht nur) aus Fehlern und kritischen Ereignissen*, Dissertation an der ETH Zürich.
  http://kobra.bibliothek.uni-kassel.de/bitstream/urn:nbn:de:hebis:34-2009032426765/3/DissertationVanVegten.pdf (zuletzt am 03.06.12)
- Vollrath, Kai C. (1999): *Abschied vom Change-Management* in: Frankfurter Allgemeine Zeitung, 21.06.1999.
- Weick, Karl E. (1987): *Organizational Culture as a Source of High Reliability*, California Management Review, 29 (2), S. 112-127.
  http://www.itn.liu.se/mit/education/courses/tnfl05-risk-och-olycksanalys/vecka-48/1.305709/Weick1987.pdf (zuletzt am 06.01.13).
- Weick, Karl E./Sutcliffe, Kathleen M. (2010): *Das Unerwartete managen. Wie Unternehmen aus Extremsituationen lernen*, Stuttgart.
- WHO – World Health Organization (Hg.) (2005): *World Alliance for Patient Safety*.
  http://www.who.int/patientsafety/en/brochure_final.pdf (zuletzt am 27.01.13).
- WHO – World Health Organization (Hg.) (2009): *WHO Guidelines for Safe Surgery 2009*.
  http://whqlibdoc.who.int/publications/2009/9789241598552_eng.pdf (zuletzt am 27.01.13).
- Wiethof, Marco (2012): *Das Critical Incidents Technique Interview als Evaluationsmethode von Sicherheitskultur* (GRIN Verlag).

Abbildungsverzeichnis

Tabellenverzeichnis

Anhang

Transkription des leitfadengestützten Experteninterviews
mit dem Geschäftsführer einer Unternehmensberatung

Grundsätzliches

**Wie oft hat ihr Unternehmen das CIRS bereits implementiert und
warum entscheiden sich ihre Klienten dafür, dieses Instrument zu
nutzen?**

Also wir sind ja nur im Gesundheits- und Sozialwesen tätig, sprich
insbesondere im Bereich Krankenhäuser das heißt wir reden von der CIRS
Einführung in Krankenhäusern und das Ziel ist es sozusagen, die nicht
gemeldeten Zwischenfälle insbesondere im klinischen medizinischen Bereich
gemeldet zu bekommen. Also ich sag mal da, wo jetzt kein Schaden entstanden
ist, keine Haftungsfragen entstehen, aber sag ich mal irgendwelche nicht
gemeldeten Zwischenfälle, die keine weiteren Auswirkungen hatten und hier
sozusagen an die Oberfläche holt, um daraus zu lernen.

**Wie würden Sie die Charakteristika eines effektiven – also
lernförderlichen – CIRS beschreiben? Welche Grundprinzipien haben
sich Ihrer Meinung nach bewährt?**

Also es sollte ein Bestandteil des gesamten Risikomanagements sein, also auch
des betriebswirtschaftlichen oder ich sage mal des übergreifenden strategischen
Risikomanagements und im Grunde ist es ein Bestandteil – sag ich mal – im
klinischen Risikomanagements, d.h. man nutzt das CIRS, um die Ereignisse,
die dort gemeldet werden, daraus abzuleiten, ob da generelle Risiken hinter
stehen, hinter einzelnen Ereignissen –vielleicht eine generelle Problematik, im
Prozess, in der Kommunikation. Also das ist ganz wichtig. Also Bestandteil des
gesamten Risikomanagements. Es muss anonym sein. Das ist sehr wichtig. Es
sollte relativ strukturiert abfragbar sein, vom irgendeinem Bogen, einem
Meldebogen, sag ich mal ne Oberfläche, ne Weboberfläche. Wichtig ist, glaube
ich, dass man die Ursachenanalyse entsprechend auch berücksichtigt. Also dass
man an die Ursachen herankommt, die zu den Ereignissen geführt haben. Und
ganz wichtig: Die Fehlerkultur im Hause muss stimmen, dass die Leute auch
keine Angst haben, zu melden.

**Welche Ereignisse gelten grundsätzlich als meldewürdig und wie sind
diese definiert?**

Ja, also das sind im Grunde Risiken, klinische Risiken, pflegerische Risiken,
kritische Ereignisse und unerwünschte Ereignisse, die einen logischen
Rückschluss auf aufgetretene Fehler zulassen. Fehler passieren alltäglich –
gerade im Krankenhaus und wichtig ist, dass man damit offen umgeht und es
zu einer Vermeidung von Schuldzuweisungen kommt. Was nicht ins CIRS

gehört, sind jetzt wirklich Haftungsfälle oder Schadensfälle, wo der Patient einen konkreten Schaden genommen hat. Das darf in der Form so nicht weiter über CIRS verfolgt werden, sondern muss den ganz normalen Weg über die juristische Schiene gehen.

Welche Wichtigkeit messen Sie einer Anonymisierung bei und wie wird diese gewährleistet?

Also Anonymität ist grundsätzlich sehr wichtig, man kann den Leuten ja trotzdem freistellen, in einem Meldefeld auch eine Rückfrage zuzulassen. Also wer das möchte, sollte da nicht ausgegrenzt werden, finde ich immer ganz wichtig, zeigt mir die Praxis. Aber vom Grundsatz her sollte es erst mal anonym sein und das sollte auch durch sogenannte vertrauensbildende Maßnahmen unterstützt werden. D.h. es muss auf jeden Fall ein IT-Sicherheitskonzept geben, wo sichergestellt wird, dass wirklich nichts mitprotokolliert wird, aber auch nicht nachvollziehbar ist, von welchem Terminal oder von welchem Client, eine Eingabe gemacht wurde. Aber das kann man technisch alles sicherstellen, aber es muss auch nach außen hin nachvollziehbar sein. Das ist – glaub ich – ganz wichtig, da legen die Leute sehr viel Wert drauf. Wir nennen das immer vertrauensbildende Maßnahmen und da ist eine davon, dass man dieses IT-Sicherheitskonzept veröffentlicht. <Also im Sinne von Transparenz?> Genau, und Sicherheit! Dass die wirklich wissen, sie können sicher sein, dass sozusagen ich nicht darüber ermittelt werden kann, von welchem PC ich jetzt die CIRS-Meldung abgegeben habe.

Damit haben Sie die fünfte Frage fast beantwortet, inwiefern ein nicht-anonymes Berichten gut sein würde? Da erwähnten Sie erst einmal das Feedback an den Berichtenden an sich. Haben Sie da noch Ausführungen zu?

Ja, ich sag mal: Vom Grundsatz her anonym. Ich würde aber auch ein nicht-anonymes Bericht ermöglichen, für die, die es wollen. Sie können trotzdem das CIRS-Meldeportal nutzen, aber auch sagen „Ich will nicht anonym bleiben, sondern man kann mich gerne auch vertraulich rückfragen." Natürlich nicht, indem man dann öffentlich da in den OP stolziert mit drei Leuten, sondern dann sozusagen auch vertraulich unter anderen Vorwand anruft und sich dann noch mal gezielt mit den Leuten. Also der Schutz des Meldenden sollte höchste Priorität immer haben, aber es sollte auch möglich sein, wenn jemand noch mal eine Rückfrage beantworten will, dass man die noch irgendwie erreichen kann.

<u>Implementierung</u>

Welche organisationalen Rahmenbedingungen erfordert die Implementierung eines CIRS?

Ja, also von der Organisationsform auf jeden Fall – also technisch, dass man irgendwie die Möglichkeit hat, webbasiert da zuzugreifen – also irgendeinen PC im Krankenhaus typischerweise. Manche arbeiten parallel auch mit Papierbögen, dass man auch einen Papierbogen vielleicht ausfüllen kann. Dann das Thema Sanktionsfreiheit ist eben sehr wichtig wie gesagt, Vertraulichkeit, Anonymität, keine Schuldzuweisung. Ganz wichtig: Information und Rückmeldung. Dass man das irgendwie selbst wenn es auch 100 Prozent anonym ist, über eine Internetseite oder Intranetseite Rückmeldungen gibt. Das man sagt: „Hier: Wir haben die und die Meldungen – von der Anzahl zumindest – bekommen und wir haben die und die Maßnahmen und die Arbeitsgruppe trifft sich. Also dass man versucht trotz der Anonymität irgendwie Rückmeldungen zu geben. Ganz wichtig ist die Unterstützung der Führungskräfte, d.h. wenn die Geschäftsführung oder der ärztliche Chefarzt oder ärztliche Direktor da nicht hinter steht, dann wird das nicht funktionieren. Dann werden sich die Leute nicht trauen, zu melden. Und das Ganze muss durch vertrauensbildende Maßnahmen mit unterstützt werden. Und eine ist zum Beispiel dieses Sicherheitskonzept, von dem ich gesprochen habe, aber das andere ist ja noch die Leitlinie für das CIRS-Auswertungs-Team und die Geschäftsordnung für das CIRS-Auswertungsteam, das wären noch wichtige Dinge.

Welche Prozessschritte werden für gewöhnlich bei der Umsetzung durchlaufen?

Man macht erst ein Konzept, wo man sagt: Okay, wie wollen wir das Aufsetzen? Wie ist die Strategie? Man baut die Grundstrukturen in einem kleinen Team mit einem Projektverantwortlichen dort im Haus. Und dann macht man in der Regel eine Informationsveranstaltung im gesamten Krankenhaus, wo man das vorstellt, dass man sagt: So läuft das jetzt hier! Das ist das Ziel! Ihr habt die Möglichkeit, dies und dies hier zu tun, diese Meldung abzugeben, so sehen die Rückmeldungen aus. Und dann schulen wir nochmal dieses CIRS-Auswertungs-Team, was dann hinterher die Meldungen nach gewissen Methoden auswerten soll.

Welche Wichtigkeit messen Sie der Organisationskultur bei, um ein effektives CIRS zu etablieren?

Ganz wichtig! Das ist das Allerwichtigste, dass die entsprechende Kultur – Sicherheitskultur, Vertrauenskultur – gegeben ist, der Betriebsrat das entsprechend mit unterstützt, die Geschäftsordnung, die Geschäftsführung. Sonst funktioniert das nicht.

<u>**Melden & Analysieren**</u>

Wie erfolgt eine Meldung und welche Punkte sollte diese enthalten?

Die Meldung – wie gesagt – in der Regel webbasiert über eine Erfassungsmaske. Ja und ganz wichtig natürlich, dass man so in etwa eingrenzt, Datum, Ort, Zeit ist immer ganz wichtig, um auf die verschiedenen Schichten vielleicht einzugehen, dass man sich die Übergabezeit, Probleme in der

Kommunikation. Immer ganz wichtig: Ist ein Patient beteiligt? Ja oder Nein? Dann gewisse Freitextmöglichkeiten natürlich. Man sollte auch die Berufsgruppe vielleicht wissen: War es ein Arzt, Pfleger oder Funktionsdienst. Und auch die Frage: Haben Sie Maßnahmen schon selbst eingeleitet? Schlagen Sie Maßnahmen vor? Was sind die Ursachen? Das sind immer wichtige Fragefelder, die man auf jeden Fall abfragen sollte.

Wie liegt die prozentuale Gewichtung zwischen „Selbstmelder" und „Dritt-Meldungen"?

Hier sind eigentlich nur Selbstmelder, weil in der Regel sagt keiner zum anderen: Gib mal für mich eine CIRS-Meldung ein, weil dann wäre er ja nicht mehr anonym. Drittmeldungen sind bei Beschwerden, wenn einer sagt: Hier, ich hab eine Beschwerde und ich erfass die jetzt für dich oder so oder ich nehme die jetzt auf, weil mündlich hast dich beschwert und ich bring das jetzt mal in Struktur, aber beim CIRS kommt das eigentlich nicht vor.

Welche Fälle würden sicher nicht gemeldet? Erinnern Sie sich an einen konkreten Fall? Können Sie Gründe für das Nichtmelden angeben?

Also wie gesagt: Was nicht ins CIRS gehört, sollte nicht gemeldet werden. Das hat ich ja vorhin schon gesagt, was nicht rein gehört: also Schadensfälle. Ansonsten Gründe für Nicht-Melden: Eher Angst vor Sanktionen oder Benachteiligungen, das wären für mich eigentlich die Hauptgründe, warum man sich doch nicht traut, zu melden. Oder weil man vielleicht denkt, das nützt eh nichts, man kriegt keine Informationen, keine Rückmeldung. Das könnte ich mir noch vorstellen. Also entweder Frage der Sicherheitskultur oder Frage der Kommunikation und der Rückmeldung.

Und konkreter Fall: Es kommt halt immer wieder vor – gerade im ärztlichen Bereich, dass die Leute Angst haben zu melden. Weil die sagen: Wir sind so eine kleine Einheit hier. Da ist relativ mit ein bisschen detektivischer Energie ermittelbar, wer zu welcher Zeit wo war. Auf der Intensivstation sind ja parallel nicht immer fünf Ärzte oder so. Und da haben die Angst, dass die sagen: Mein Chef hat eigentlich nicht diese Kultur, sondern der hat doch eher die Kultur des dann zur Brust nehmen und Kopf abreißen.

<Also wenn man den Personenkreis eingrenzen kann, bis auf ein zwei Personen?>

Ja!

Wie und durch wen erfolgt die Analyse einer Meldung?

Dort wird in der Organisation ein CIRS-Auswertungsteam etabliert, was ein Personenkreis ist, der natürlich besonders geeignet ist, in der Regel interprofessionell besetzt. Also da sitzt ein Arzt drin, eine Pflegekraft, vielleicht ein Techniker, aus dem OP jemand und Notaufnahme. Also interdisziplinär besetzt, die einen gewissen Vertrauensstatus und einen guten Einblick über die Einrichtung haben. Und in der Regel treffen die sich einmal im Monat und besprechen dann die eingegangenen Meldungen und leiten die Ergebnisse dann auch wieder weiter auf diese Intranetseite, wo man dann sagt: Was haben wir damit gemacht? Oder sie gehen damit an die Geschäftsführung, ans Direktorium, wenn die vielleicht sagen, wir müssen da gewisse Maßnahmen auf den Weg bringen, die Zeit und Geld Kosten würden oder man muss irgendetwas ändern, muss man sich in der Regel dann ja freigeben lassen. Das macht dieses CIRS-Auswertungsteam alles.

Evaluierung & Organisationales Lernen

Ihrer Internetpräsenz ist zu entnehmen, dass Sie die Pilotphase evaluieren. Welche Verbesserungen können Sie im Rahmen der Evaluation seit der Einführung des Meldesystems bei Ihren Klientenorganisationen feststellen?

Ja, das eigentlich die Verbesserung im Bereich Meldebogen – was gehört rein, was gehört nicht rein – am Anfang hatten wir viel zu viele Schritte, das war viel zu kompliziert, das wollte keiner. Jetzt haben wir es mittlerweile sehr vereinfacht. Und wichtig nochmal: Das ganze Thema Vertrauen und Sicherheit. Das man da wirklich drauf hinarbeitet, diese vertrauensbildenden Maßnahmen wirklich veröffentlicht, dass da die Unterschrift der Geschäftsführung drunter ist, dass die Leute keine Angst haben müssen. Das sind so Lerneffekte.

< Und das führt dann auch zu Verbesserungen in der Organisation?>

Ja, ganz konkrete Umsetzungsschritte. Dass man sagt, wir müssen hier im OP noch mal an der und der Stelle ein Vier-Augen-Prinzip einführen. Oder wir müssen zwei verschiedene Medikamente, die ganz unterschiedliche Wirkung haben, aber gleich etikettiert sind, anders etikettieren. Es gibt da ganz konkrete Maßnahmen, die dann in die Abläufe und Prozesse integriert werden. Das erhöht dann letztendlich die Sicherheit, die Patientensicherheit im Wesentlichen.

Werden den Klienten mittels des Meldesystems besondere Risikobereiche neu aufgezeigt oder waren Ihnen diese bereits bewusst? Welche wären dies? < Da meinten sie gerade die Etikettierung zum Beispiel. >

Die Etikettierung zum Beispiel. Oder wir hatten Angaben, dass Milliliter mit Milligramm verwechselt wurde bei zum Beispiel Infusionen oder so was, was dramatische Auswirkungen haben kann. Einführung von Patientenarmbändern, dass der Patient über ein Armband noch mal identifiziert wird neben der persönlichen Identifizierung.

Wie viele der Fallberichte bringen auch tatsächlich Veränderungen mit sich? <Wenn das statistisch abzuschätzen ist.> **Wie viele nicht und wenn nicht – warum?**

Ich würde sagen, ein Drittel bringt Veränderungen mit und zwei Drittel, weil man vielleicht nicht genug Informationen hat aus der Meldung. Das ist ja dann immer sehr schwierig, da sind ja nicht so viele Informationen, weil man dann keine Möglichkeit hat noch mal nachzufragen, dann wird's schwierig teilweise. Die Meldungen erhalten eine Wertung und ich würde sagen ein Drittel, das sind die, die die höchste Priorität erhalten haben.

Wie erfolgt der Veränderungsprozess?

Handlungsempfehlungen, die vom CIRS-Auswertungs-Team entwickelt werden, von der Geschäftsführung freigegeben werden und dann entsprechend durch die Verantwortlichen umgesetzt werden. D.h. wenn es irgendeine Plakatierung im OP ist, dann kümmert sich jemand darum, dass diese Plakate im OP aufgehängt werden. Wenn's darum geht, diese Etikettierung, muss sich vielleicht der Material- und Versorgungsdienst drum kümmern, dass andere Etiketten bestellt werden unter Einkauf. Je nachdem wird das dann koordiniert und Zuständigen zur weiteren Umsetzung übergeben.

Wie erhalten die Mitarbeiter Rückmeldung über auf dem Meldesystem beruhende Verbesserungen in der Organisation?

Über entsprechende Veröffentlichungen, die allerdings keinen Bezug zum konkreten Zwischenfall haben dürfen. Aber man kann ja dann trotzdem veröffentlichen, dass man sagt: Wir haben die und die Maßnahmen initiiert und auf den Weg gebracht. Oder das man an sich die Anzahl der Meldungen von der Bewertung und Gewichtung deutlich macht. Wie viel Meldungen letztendlich zu einer Maßnahme geführt haben. Also dass man da versucht, möglichst viele Rückmeldungen zu geben und darüber berichtet – auch in den Mitarbeiterzeitschriften oder Intranet.

< Publiziert über das Intranet sozusagen? > In der Regel, ja. Wo man eine eigene Seite macht und jeder drauf kucken kann, den das interessiert.

Was für Kritik wird von den Nutzern geäußert? Welche von den Auswertern?

Von den Nutzern? Immer noch über das Thema Sicherheit. Dass sie dem Laden letztendlich nicht trauen. Der eine findet es immer noch umständlich mit diesem elektronischen Meldebogen und hätte dann doch gerne noch eine Papierform. Also das sind so individuelle Geschichten.

Und von den Auswertern: Dass die sagen, wir haben teilweise nicht genügend Informationen. Man müsste mehr Feldern zu Pflichtfeldern machen. Also wir haben in dieser Web-Maske Felder zu Pflichtfelder, aber es sind eben sehr wenige, um es nicht zu kompliziert zu machen. Und die sagen dann: Es ist eigentlich zu wenig, um vernünftige Maßnahmen daraus auswerten zu können. Das ist so ein Zwiespalt, wissen Sie? Je mehr Informationen sie machen, desto größer ist auch immer die Gefahr, dass derjenige sich unter Druck gesetzt fühlt, dass seine Anonymisierung sozusagen auffliegt und wenn sie weniger machen, dass das Auswertungsteam nicht richtig arbeiten kann. Das ist eine Gradwanderung.

Letztendlich sind die Krankenhäuser – das CIRS kommt ja aus der Luftfahrt, wie Sie ja wissen –davon sind die Krankenhäuser noch Lichtjahre entfernt, das so offen und konstruktiv zu behandeln, wie das im Augenblick in der Fliegerei ist, aber das ist auf dem Weg jetzt gerade so. Es gibt ja eine Gesetzesinitiative, dass es vielleicht verbindlich sein soll – das Patientenrechtegesetz können sie nachrecherchieren. Im Augenblick gibt es einen Gesetzesentwurf der Bundesregierung – das soll zum 01.01.2013 in Kraft treten, das Patientenrechtegesetz – das sieht im Grunde eine verpflichtende Einführung für diese Systeme vor. Also da tut sich viel, aber letztendlich die Piloten, die schon mal in den Krankenhäusern sind und sich die OPs ankucken, die sagen: Wenn so bei uns gearbeitet werden würde, dann würde keine Maschine abheben.

<Und dieses Patientenrechtegesetz ab 2013 meinten Sie, ja?> Ja, ist geplant. Da gibt's einen Entwurf der Bundesregierung – einen Kabinettsentwurf.

Glauben Sie, dass sich das System positiv auf die Sicherheitskultur ausgewirkt hat?

Ja!

a. Wenn ja, wodurch lässt sich dies belegen?

Durch einen Rückgang der Haftungs- und Versicherungsfälle, der arbeitsrechtlichen Fälle. Das kann man auch messen.
<Dadurch dann konkret, das stimmt. Damit entfällt die folgende Frage: **Wenn nein, weshalb nicht? Wo sehen Sie die Ursachen?**>

Wo sehen Sie die Vorteile gegenüber anderen Meldesystemen und wo die Grenzen eines CIRS?

Den Vorteil sehe ich ganz klar in der Anonymität. Das gibt es so in der Form sicherlich nicht. Grenzen: Auch damit kriege ich keine 100 Prozent Abdeckung der Risiken und der Risikoquellen. Ich kann mich nicht nur auf das CIRS verlassen, um die Patientensicherheit zu erhöhen. Ich muss parallel sicherlich Risikoaudits machen, wo ich in die Bereiche auch reingehe und mir das ankucke, Fragen stelle, als Beispiel.

< Also die 100 Prozentige Sicherheit gibt es halt nicht. Die wird auch ein CIRS nicht leisten können?> Ja.

Auswertung des Experteninterviews mit einer Unternehmensberatung zum Thema: Critical-Incident-Reporting-System

Kategorien	Wörtliche Aussage des Experten	Interpretierte Kernaussage (Paraphrase)
Systemnutzung: Warum nutzen Organisationen CIRS?	[...] Ziel ist es, die nicht gemeldeten Zwischenfälle insbesondere im klinischen medizinischen Bereich gemeldet zu bekommen. [...] wo kein Schaden entstanden ist, keine Haftungsfragen entstehen, [...] nicht gemeldeten Zwischenfälle, die keine weiteren Auswirkungen hatten und hier [...] an die Oberfläche holt, um daraus zu lernen.	Meldung von Zwischenfällen, die ohne Schaden verlaufen sind und aus denen keine Haftungsfragen entstehen Zwischenfälle werden durch dieses System sichtbar und dienen als Lernchance
Was und wie melden?	[...] Risiken, klinische Risiken, pflegerische Risiken, kritische Ereignisse und unerwünschte Ereignisse, die einen logischen Rückschluss auf aufgetretene Fehler zulassen. Fehler passieren [...]wichtig ist, dass man damit offen umgeht und es zu einer Vermeidung von Schuldzuweisungen kommt. Was nicht ins CIRS gehört, sind [...] Haftungsfälle oder Schadensfälle, wo der Patient einen konkreten Schaden genommen hat. Das darf in der Form so nicht weiter über CIRS verfolgt werden [...]	Meldungen von Risiken (kritische und unerwünschte Ereignisse) aller Berufsgruppen Fehler sind unvermeidlich -> Offener Umgang mit Fehlern Vermeidung von Schuldzuweisungen Keine Haftungs- oder Schadensfälle (konkretes Schadensereignis) ins CIRS
Charakteristika & Grundprinzipien	[...]Bestandteil im klinischen Risikomanagements, d.h. man nutzt das CIRS, um die Ereignisse, die dort gemeldet werden, daraus abzuleiten, ob da generelle Risiken hinter stehen, hinter einzelnen Ereignissen –vielleicht eine generelle Problematik, im Prozess, in der Kommunikation. [...]Bestandteil des gesamten Risikomanagements. Es muss anonym sein. [...] Es sollte relativ strukturiert abfragbar sein. [...] Wichtig ist, dass man die Ursachenanalyse entsprechend auch berücksichtigt. [...] dass man an die Ursachen herankommt, die zu den Ereignissen geführt haben. Und ganz wichtig: Die Fehlerkultur im Hause muss stimmen, dass die Leute auch keine Angst haben, zu melden.	Bestandteil des Risikomanagements zum Aufzeigen von organisationalen Problemen (prozessual, kommunikativ) Anonym Strukturiert Fehlerkultur -> Keine Angst vor Meldungen -> sanktionsfrei
	Anonymität ist grundsätzlich sehr wichtig, man kann den Leuten ja trotzdem freistellen, in einem Meldefeld auch eine Rückfrage zuzulassen. [...] Aber vom Grundsatz her sollte es erst mal anonym sein und das sollte auch durch sogenannte vertrauensbildende Maßnahmen unterstützt werden. D.h. es muss auf jeden Fall ein IT-Sicherheitskonzept geben, wo sichergestellt wird, dass wirklich nichts mitprotokolliert wird, aber auch nicht nachvollziehbar ist,	Anonymität Möglichkeit der Rückmeldung (freiwillig) Vertrauensbildende Maßnahmen zur Förderung der Nutzung Transparenz des Konzepts

	von welchem Terminal oder von welchem Client, eine Eingabe gemacht wurde. […] Wir nennen das immer vertrauensbildende Maßnahmen und da ist eine davon, dass man dieses IT-Sicherheitskonzept veröffentlicht.	
Implementierung & Rahmenbedingung en	[…] technisch, dass man die Möglichkeit hat, webbasiert da zuzugreifen […]. Manche arbeiten parallel auch mit Papierbögen […]. Dann das Thema Sanktionsfreiheit ist eben sehr wichtig wie gesagt, Vertraulichkeit, Anonymität, keine Schuldzuweisung. Ganz wichtig: Information und Rückmeldung. Dass man das irgendwie selbst wenn es auch 100 Prozent anonym ist, über eine Internetseite oder Intranetseite Rückmeldungen gibt. Das man sagt: „Hier: Wir haben die und die Meldungen – von der Anzahl zumindest – bekommen und wir haben die und die Maßnahmen und die Arbeitsgruppe trifft sich. […] Ganz wichtig ist die Unterstützung der Führungskräfte, d.h. wenn die Geschäftsführung oder der ärztliche Chefarzt oder ärztliche Direktor da nicht hinter steht, dann wird das nicht funktionieren. Dann werden sich die Leute nicht trauen, zu melden. Und das Ganze muss durch vertrauensbildende Maßnahmen mit unterstützt werden. Und eine ist zum Beispiel dieses Sicherheitskonzept, von dem ich gesprochen habe, aber das andere ist ja noch die Leitlinie für das CIRS-Auswertungs-Team und die Geschäftsordnung für das CIRS-Auswertungsteam, das wären noch wichtige Dinge.	Intranet (webbasiert) oder Papierform Vertraulichkeit Anonymität Keine Schuldzuweisung Information und Rückmeldung z.B. per Intranet (auch trotz 100%iger Anonymisierung wichtig) Unterstützung durch Führungskräfte (Top – Down)
Organisationskultu r	[…]Das ist das Allerwichtigste, dass die entsprechende Kultur – Sicherheitskultur, Vertrauenskultur – gegeben ist, der Betriebsrat das entsprechend mit unterstützt, die Geschäftsordnung, die Geschäftsführung. Sonst funktioniert das nicht.	Sicherheitskultur, Kultur des Vertrauens muss gegeben sein Unterstützung durch Betriebsrat/ Geschäftsführung immens wichtig
Prozessschritte	Man macht erst ein Konzept, wo man sagt: Okay, wie wollen wir das Aufsetzen? Wie ist die Strategie? Man baut die Grundstrukturen in einem kleinen Team mit einem Projektverantwortlichen dort im Haus. Und dann macht man in der Regel eine Informationsveranstaltung im gesamten Krankenhaus, wo man das vorstellt, dass man sagt: So läuft das jetzt hier! Das ist das Ziel! Ihr habt die Möglichkeit, dies und dies hier zu tun, diese Meldung abzugeben, so sehen die	Projekt(management) Informationsveranstaltung Zielvorstellungen kommunizieren Stakeholder berücksichtigen Schulungsmaßnahmen für das Auswertungs-Team

	Rückmeldungen aus. Und dann schulen wir nochmal dieses CIRS-Auswertungs-Team, was dann hinterher die Meldungen nach gewissen Methoden auswerten soll.	
Melden	Die Meldung – wie gesagt – in der Regel webbasiert über eine Erfassungsmaske. […] ganz wichtig natürlich, dass man so in etwa eingrenzt, Datum, Ort, Zeit ist immer ganz wichtig, um auf die verschiedenen Schichten vielleicht einzugehen, dass man sich die Übergabezeit, Probleme in der Kommunikation. Immer ganz wichtig: Ist ein Patient beteiligt? Ja oder Nein? Dann gewisse Freitextmöglichkeiten natürlich. Man sollte auch die Berufsgruppe vielleicht wissen: War es ein Arzt, Pfleger oder Funktionsdienst. Und auch die Frage: Haben Sie Maßnahmen schon selbst eingeleitet? Schlagen Sie Maßnahmen vor? Was sind die Ursachen? Das sind immer wichtige Fragefelder […].	Meldung i.d.R. webbasiert Kriterien - Datum, Ort, Zeit - Freitextmöglichkeiten - Berufsgruppe - Maßnahmen eingeleitet ja/nein/welche - Vorschläge (Maßnahmen) - Ursachen?
Nicht-Melden	[…] Gründe für Nicht-Melden: Eher Angst vor Sanktionen oder Benachteiligungen, das wären für mich eigentlich die Hauptgründe, warum man sich doch nicht traut, zu melden. Oder weil man vielleicht denkt, das nützt eh nichts, man kriegt keine Informationen, keine Rückmeldung. Das könnte ich mir noch vorstellen. Also entweder Frage der Sicherheitskultur oder Frage der Kommunikation und der Rückmeldung. Und konkreter Fall: Es kommt halt immer wieder vor – gerade im ärztlichen Bereich, dass die Leute Angst haben zu melden. Weil die sagen: Wir sind so eine kleine Einheit hier. Da ist relativ mit ein bisschen detektivischer Energie ermittelbar, wer zu welcher Zeit wo war. Auf der Intensivstation sind ja parallel nicht immer fünf Ärzte oder so. Und da haben die Angst, dass die sagen: Mein Chef hat eigentlich nicht diese Kultur, sondern der hat doch eher die Kultur des dann zur Brust nehmen und Kopf abreißen.	Gründe für Nicht-Melden: - Angst vor Sanktionen/ Benachteiligungen - Fehlendes Feedback/ keine positiven Auswirkungen aufgrund der Meldung - Angst, dass Rückschlüsse auf die meldende Person gezogen werden - Fehlende Unterstützung durch Führungskräfte
Prozentuale Gewichtung der Selbst-/Drittmelder	Hier sind eigentlich nur Selbstmelder, weil in der Regel sagt keiner zum anderen: Gib mal für mich eine CIRS-Meldung ein, weil dann wäre er ja nicht mehr anonym. Drittmeldungen sind bei Beschwerden, wenn einer sagt: Hier, ich hab eine Beschwerde und ich erfass die jetzt für dich oder so oder ich nehme die jetzt auf, weil mündlich hast dich beschwert und ich bring das	Grundsätzlich nur Selbstmelder

	jetzt mal in Struktur, aber beim CIRS kommt das eigentlich nicht vor.	
Analyse einer Meldung (Wie und durch wen?)	Dort wird in der Organisation ein CIRS-Auswertungsteam etabliert, was ein Personenkreis ist, der natürlich besonders geeignet ist, in der Regel interprofessionell besetzt. Also da sitzt ein Arzt drin, eine Pflegekraft, vielleicht ein Techniker, aus dem OP jemand und Notaufnahme. Also interdisziplinär besetzt, die einen gewissen Vertrauensstatus und einen guten Einblick über die Einrichtung haben. Und in der Regel treffen die sich einmal im Monat und besprechen dann die eingegangenen Meldungen und leiten die Ergebnisse dann auch wieder weiter auf diese Intranetseite, wo man dann sagt: Was haben wir damit gemacht? Oder sie gehen damit an die Geschäftsführung, ans Direktorium, wenn die vielleicht sagen, wir müssen da gewisse Maßnahmen auf den Weg bringen, die Zeit und Geld Kosten würden oder man muss irgendetwas ändern, muss man sich in der Regel dann ja freigeben lassen. Das macht dieses CIRS-Auswertungsteam alles.	CIRS-Auswertungsteam - Interprofessionell besetzt (z.B. Arzt, Pflegekraft, Techniker etc.) - Besitzen Vertrauensstatus - Haben gute Kenntnisse über die Organisation - Grundsätzlich: einmaliges Treffen pro Monat - Kommunizieren der vorgenommenen Verbesserungen aufgrund von CIRS-Meldungen via Intranet - Direkter Draht zur Geschäftsführung, um Maßnahmen vorzustellen und einzuleiten
Evaluierung Verbesserung CIRS	[...] Verbesserung im Bereich Meldebogen – was gehört rein, was gehört nicht rein – am Anfang hatten wir viel zu viele Schritte, das war viel zu kompliziert, das wollte keiner. Jetzt haben wir es mittlerweile sehr vereinfacht. Und wichtig nochmal: Das ganze Thema Vertrauen und Sicherheit. Das man da wirklich drauf hinarbeitet, diese vertrauensbildenden Maßnahmen wirklich veröffentlicht, dass da die Unterschrift der Geschäftsführung drunter ist, dass die Leute keine Angst haben müssen. Das sind so Lerneffekte.	- Inhalt Meldebogen: Kurz, knapp, wahr - Wenn zu komplex = abschreckende Wirkung = keine Nutzung - Förderung/ Motivation zur Nutzung durch vertrauensbildende Maßnahmen (z.B. offenkundige Unterstützung durch GF -> Arbeitsanweisung mit dessen Unterschrift)
Verbesserung Organisation	[...] konkrete Umsetzungsschritte. Dass man sagt, wir müssen hier im OP noch mal an der und der Stelle ein Vier-Augen-Prinzip einführen. Oder wir müssen zwei verschiedene Medikamente, die ganz unterschiedliche Wirkung haben, aber gleich etikettiert sind, anders etikettieren. Es gibt da ganz konkrete Maßnahmen, die dann in die Abläufe und Prozesse integriert werden. Das erhöht dann letztendlich die Sicherheit, die Patientensicherheit im Wesentlichen.	Konkrete Verbesserungen: - 4 Augen Prinzip - Verbesserte/ deutliche Etikettierung - Patientenarmbänder zur Identifizierung - Allgemein: Verbesserung von Abläufen und Prozessen - Erhöhung der Sicherheit
	Ich würde sagen, ein Drittel bringt Veränderungen mit und zwei Drittel, weil man vielleicht nicht genug Informationen hat aus der Meldung.	1/3 bringen Veränderungen/ Verbesserungen mit sich Meldungen werden bewertet

	Das ist ja dann immer sehr schwierig, da sind ja nicht so viele Informationen, weil man dann keine Möglichkeit hat noch mal nachzufragen, dann wird's schwierig teilweise. Die Meldungen erhalten eine Wertung und ich würde sagen ein Drittel, das sind die, die die höchste Priorität erhalten haben.	
Veränderungsproz ess	Handlungsempfehlungen, die vom CIRS-Auswertungs-Team entwickelt werden, von der Geschäftsführung freigegeben werden und dann entsprechend durch die Verantwortlichen umgesetzt werden. D.h. wenn es irgendeine Plakatierung im OP ist, dann kümmert sich jemand darum, dass diese Plakate im OP aufgehängt werden. Wenn's darum geht, diese Etikettierung, muss sich vielleicht der Material- und Versorgungsdienst drum kümmern, dass andere Etiketten bestellt werden unter Einkauf. Je nachdem wird das dann koordiniert und Zuständigen zur weiteren Umsetzung übergeben.	Ablauf - CIRS-Auswertungs-Team gibt Handlungsempfehlung - wird von der GF freigegeben - Umgesetzt von Verantwortlichen - Veröffentlichung als Feedback (siehe Punkt Feedback)
Feedback	Über entsprechende Veröffentlichungen, die allerdings keinen Bezug zum konkreten Zwischenfall haben dürfen. Aber man kann ja dann trotzdem veröffentlichen, dass man sagt: Wir haben die und die Maßnahmen initiiert und auf den Weg gebracht. Oder das man an sich die Anzahl der Meldungen von der Bewertung und Gewichtung deutlich macht. Wie viel Meldungen letztendlich zu einer Maßnahme geführt haben. Also dass man da versucht, möglichst viele Rückmeldungen zu geben und darüber berichtet – auch in den Mitarbeiterzeitschriften oder Intranet.	Feedback durch Veröffentlichung (Zeitschrift & Internet) Relationsdarstellung Anzahl Meldungen vs. Bewertung/ Gewichtung vs. Verbesserungsmaßnahme
Kritik	Von den Nutzern? Immer noch über das Thema Sicherheit. Dass sie dem Laden letztendlich nicht trauen. Der eine findet es immer noch umständlich mit diesem elektronischen Meldebogen und hätte dann doch gerne noch eine Papierform. Also das sind so individuelle Geschichten. Und von den Auswertern: Dass die sagen, wir haben teilweise nicht genügend Informationen. Man müsste mehr Feldern zu Pflichtfeldern machen. Also wir haben in dieser Web-Maske Felder zu Pflichtfelder, aber es sind eben sehr wenige, um es nicht zu kompliziert zu machen. Und die sagen dann: Es ist eigentlich zu wenig, um vernünftige Maßnahmen daraus auswerten zu können. Das ist so ein Zwiespalt, wissen Sie? Je mehr Informationen sie	Nutzer: - Vertrauen fehlt teilweise - Umständlichkeit des elektronischen Meldebogens - Individuelle Probleme Auswerter: - Zu wenig Pflichtfelder - Daraus resultierend zu wenig Infos pro Meldung Zwiespalt zwischen optimaler Informationsmenge und komfortablen übersichtlich knappen Meldebogen und notwendiger Anonymisierung

	machen, desto größer ist auch immer die Gefahr, dass derjenige sich unter Druck gesetzt fühlt, dass seine Anonymisierung sozusagen auffliegt und wenn sie weniger machen, dass das Auswertungsteam nicht richtig arbeiten kann. Das ist eine Gradwanderung. Letztendlich sind die Krankenhäuser – das CIRS kommt ja aus der Luftfahrt, wie Sie ja wissen –davon sind die Krankenhäuser noch Lichtjahre entfernt, das so offen und konstruktiv zu behandeln, wie das im Augenblick in der Fliegerei ist, aber das ist auf dem Weg jetzt gerade so. Es gibt ja eine Gesetzesinitiative, dass es vielleicht verbindlich sein soll – das Patientenrechtegesetz können sie nachrecherchieren. Im Augenblick gibt es einen Gesetzesentwurf der Bundesregierung – das soll zum 01.01.2013 in Kraft treten, das Patientenrechtegesetz – das sieht im Grunde eine verpflichtende Einführung für diese Systeme vor. […]	Verweis auf Patientenrechtegesetz (verpflichtendes Einführung von Zwischenfall-Meldesystemen)
Rückschluss auf Erhöhung der Sicherheitskultur	Durch einen Rückgang der Haftungs- und Versicherungsfälle, der arbeitsrechtlichen Fälle. Das kann man auch messen.	Rückgang der Haftungs- und Versicherungsfälle
Vorteile CIRS	Den Vorteil sehe ich ganz klar in der Anonymität. Das gibt es so in der Form sicherlich nicht. Grenzen: Auch damit kriege ich keine 100 Prozent Abdeckung der Risiken und der Risikoquellen. Ich kann mich nicht nur auf das CIRS verlassen, um die Patientensicherheit zu erhöhen. […]	Vorteil: Anonymität Keine 100%ige Abdeckung aller Risiken Teil des Risikomanagements